使用 Python
进行人工智能和深度学习

每行代码详解

面向 AI 和 Python 新手读者
Steven D'Ascoli MIS CPA

我将本书献给中国人民，他们在整个历史中为世界做出了许多创新和社会贡献。从印刷术、航海罗盘、船舵到第一台地震仪的发明，仅举几例，世界欠中国人民太多了。

目录

前言

有许多关于使用Python进行人工智能的入门书籍。根据我的经验,我发现有些教授人工智能的书籍都假设读者是该领域的新手,并且精通Python编程。还有一些书为不懂Python的人提供Python入门指南,然后假设读者是该领域的新手,继续教授人工智能/深度学习的概念。然而不幸的是,"Python入门"与这些书中在构建人工智能模型时提供的实际代码几乎没有关系。此外,我发现这些书并没有解释每一行代码。使用Python学习人工智能对我来说是一项令人沮丧的任务,我想对于许多刚接触 Python(或相对较新)和人工智能/深度学习的人来说也是如此。

本书的目的是向完全的初学者教授 Python 和人工智能,假设他或她不懂任何Python或任何人工智能概念。我经常看到一些书只向读者提供代码而不解释,或者只向读者提供代码但只解释其中几行或几部分。学习编程就像学习一门外语。你必须了解一行代码的每个部分的含义、作用和用途,就像学习一门外语时你需要知道句子中每个单词的含义、作用和用途一样。如果一门外语的老师给你看一个句子,然后只解释一两个单词,你怎么能学会用该语言造句呢?同样,如果一本书只向你展示代码行,但只解释其中几行,你又怎么能自己编程呢?对我来说,看到几乎没有我所知的书籍可以向刚接触Python和AI的人教授AI,这真是一个荒谬的现象。我真诚地希望我在这本书中完成了这项任务。

文本中的**每个示例都完整地**显示了代码,然后对每一行都进行了充分的解释。之所以首先完整地显示每个示例的代码,是因为Python是一**种在运行代**码时依赖于缩进的语言。每个缩进都显示在缩进之外的代码(左侧的代码)运行之前运行的代码区域。为了看到这些缩进的位置，最好将整个代码完整地显示出来，然后将其分解并解释每个部分。**Python** 代码将采用 `Courier` 字体，代码的解释将采用**BookmanOldStyle**字体。看到完整的代码后，您将看到每行代码前面都有一个数字。这些数字仅供参考，当您在集成开发环境(IDE)中输入代码时，不应输入这些数字，**IDE**是您输入和运行**Python**代码的软件。在整篇文章中，我建议使用不同的 **IDE** 来运行 **Python** 代码。我建议先使用每章中推荐的 **IDE** 来运行代码，然后在其他IDE中运行代码。我之所以提出这个建议，是因为不同的IDE导入Python模块/库的程序不同。其中一些程序比其他程序更麻烦，我认为最好先选择最简单的程序。

我认为第一章很重要，它能让你了解神经网络的工作原理。一旦你学会了这一点，我相信它会让你更好地理解后面章节中项目的编码。但是，如果你想立即开始**Python** 编码，可以跳过它。

如果您有任何建议、意见或问题，您可以随时使用以下gmail帐户：deeplearningsteve@gmail.com.

时间允许时，我们会回答问题。撰写本文时，项目的源代码可在以下网站获取：

https://github.com/stevedas/aiBook/tree/main

章节 1

神经网络：描述

人工智能很大一部分涉及神经网络的使用。在揭示神经网络的代码之前，了解它是什么以及它如何运作是有帮助的。您不一定需要知道我在本章中描述的细节才能创建神经网络，如果您想继续学习编程部分，可以跳过本章。但是，通过了解神经网络的运作方式（如本章所述），我相信它将帮助您构建更好的神经网络。但是，如果您已经了解这些内容或不想阅读有关神经网络如何运作的描述，请随意跳过本章。

神经网络可以被认为是一系列构成一个大方程的方程。这个方程的目**的**（仅举几例）是预测某个数量，找到某个数量，或将某物归类为一个组。在将数字输入网络后，网络会输出此数量（或分类）。神经网络的目标类似于统计学中的回归目标，其中方程被输入一个独立变量（或变量）并输出一个因变量。

神经网络的设计类似于人脑内的神经网络，大脑内的网络通过接触输入刺激来学习。大脑的输入包括视觉、声音、味觉、气味和感觉。而神经网络的输入

人工智能中的网络是数字。在将一系列数字输入神经网络并将这些数字与已知答案匹配后，您就被称作"训练"神经网络。例如，如果您试图根据全球石油总需求（独立变量）预测汽油价格（因变量），您可以输入每天的全球石油需求，并输入当天的汽油价格。通过这样做，您将每天的

汽油价格与全球石油需求相匹配。这种因变量与独立变量的匹配就是"训练"网络的过程。换句话说，通过同时提供当天的石油需求和相应的汽油价格，网络正在学习这两个变量之间的联系。例如，网络可能会了解到，每增加一百万桶石油需求，汽油价格就会上涨十美分/加仑。因此，在您使用每日汽油价格和匹配需求"训练"网络后，网络将调整其方程式以显示每增加一百万桶石油需求，汽油价格就会上涨十美分/加仑。如果你输入一个新的需求数量（训练集中没有的数量），**网络将尝试根据"学习到的"关系来**预测在给定需求的情况下汽油的价格应该是多少。

在这个例子中，我们有两个变量，它们是用数字表示的数量。在某些神经网络中，因变量（或您试图预测的变量）不是数字，而是一个类别。例如，您可以使用神经网络来尝试根据患者接受的药物量来预测患者是继续患病还是好转。在这种情况下，将有两个类别，**"患病"和"好转"，您的神**经网络将尝试根据给予的药物量（数量）来预测患者属于哪一类。

为了理解神经网络及其训练方式，我们必须一次解释网络的一部分。我将参考下图进行解释。

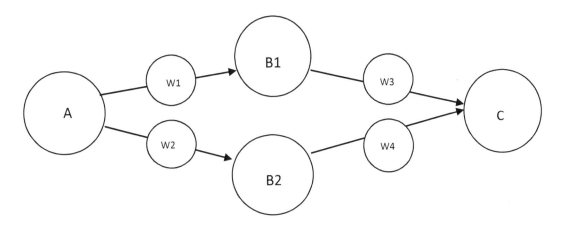

Figure 1.1

与大多数神经网络相比，上图中的神经网络相对简单。它由一个输入层组成，用标记为"A"的圆圈表示。我们将这些圆圈称为"节点"或"神经元"。因此，有一个输入节点构成"输入层"。当不同类型的变量输入到网络中时，有时会有多个输入节点。在我们的例子中，只有对桶装石油的需求被输入到网络中以预测汽油价格，因此它是一种输入类型。例如，我们可以创建一个神经网络，使用两种类型的输入来预测汽油价格、石油需求和通货膨胀率。从左到右，有两个隐藏节点（B1和B2），它们构成一个"隐藏"层（我将很快解释较小的圆圈）。它被称为"隐藏"，因为 B1 和 B2 位于输入层和输出层之间。最后有一个输出节点，显示为C，它构成"输出层"。通常会有多个隐藏层，每个隐藏层可能由多个节点组成。但为了使解释更容易，我展示了一个简单的神经网络。

我们的神经网络训练从我们向其中输入一组两个变量开始。例如，继续我们的汽油价格示例，假设我们从上周的某一天知道全球石油需求量为9000万桶，而同一天汽油价格为每加仑3美元。因此，我们向网络输入两个数量，9000万桶和3。让我们暂时忽略3（汽油价格），最后再讨论它。我们这样做的原因将变得很清楚this   later in我们的讨论。我将在随后的一系列步骤中逐步解释如何训练神经网络以做出准确的预测。

步骤 1

因此，让我们将 9000 万个数字输入到称为"A"的输入层。将 9000 万乘以 w1 表示的数字。这个 w1 称为"权重"。在我们的网络中有 4 个权重（w1、w2、w3 和 w4）。这些权重中的数字很小，并且在您编码或编程网络后随机生成。在将 9000 万从 A 乘以 w1 的同时，将 9000 万从 A 乘以 w2 也从 A 乘以 B2。

步骤 2当 9000 万乘以 w1 到达 B1 时，将对其应用一个函数或方程，结果离开 B1到达C。同样，当 9000 万乘以 w2 到达 B2 时，将对其应用一个函数，结果离开B2到达C。当我说对其应用一个函数时，我的意思是将9000万乘以w2的结果放入一个函数中。例如，假设在B2节点内有一个所谓的S形激活函数。此函数的方程为 $S(x) = 1/(1 + e^{\wedge}(-x))$。现在假设 w2 = .5 或 1/2。因此，9000 万乘以 w2 等于 4500 万。然后我们将 4500 万代入方程中的 x 位置。然后网络将计算节点B2内的S形函数。也就是说，它将计算以下内容：$1/(1+e^{\wedge}(-45,000,000))$。同样，同样的事情发生在B1中。神经网络有多种可用的函数（线性、阶跃、双曲正切、整流线性等）。在为神经网络编写代码时，您将选择该函数。某些函数更适合某些情况。例如，双曲正切适用于因变量和自变量之间的非线性关系。当我们想要预测介于 0 和 1 之间的量时，Sigmoid是很好的选择。它用于我们必须预测概率作为输出的模型。这是因为某事物的概率仅存在于 0 和 1 之间（1 为 100% 的概率）。

步骤 3 B1 中应用函数得出的任何数字都会在传送到 C（输出节点）之前乘以 w3。例如，结果为 4。同样，任何数字在 B2 中应用函数的结果在传送到 C 之前会乘以 w4。假设结果为数字2。现在在节点C中，将4和2相加，并对总和应用另一个激活函数。最后，输出节点 C 会输出一个数字。这个数字应该代表汽油价格，假设需求量为 9000万桶，我们在步骤 1 中将其输入到网络中。

步骤4回想一下，在步骤1之前，我们说过实际上最初有两个数字输入到网络中，9000万和3。我们说过上周有一天全球石油需求量为9000万桶，而同一天汽油价格为每加仑3美元。因此，我们知道9000万桶的需求量，每加仑汽油的价格应该是3美元。在我们的示例中，这是一个实际记录的事实。无需根据9000万桶预测汽油价格。我们知道是 3 美元。我们在步骤1到步骤4中所做的是，在节点A中输入9000万并应用所有这些激活函数并将权重乘以数字后，尝试使节点C输出的数字为3美元。这称为"训练"网络。所以现在，网络将比较节点 C 输出的任何数字（在上述步骤 3 中）与 3 美元。如果节点 C 输出的数字小于3美元（例如1 美元），则网络需要通过调整权重（w1、w2、w3和 w4）来增加值。如果节点 C 输出的数字大于 3 美元（例如 8美元），则网络需要通过调整权重（w1、w2、w3 和 w4）来减少值。我们的目标是拥有权重和激活函数，以便网络能够尽可能准确地预测我们输入网络的任何需求量的汽油价格。通过训练网络，我们希望拥有一组权重和激活函数，无论我们在输入层（节点 A）输入什么需求，它们都能实现这一目标。

网络使用所谓的"成本函数"来显示总误差，即目标输出和实际输出之间的差值。在我们的示例中，目标输出为 3 美元，实际输出是从输出节点 C 输出的数字（这是我们在整个网络中应用各种激活函数和与权重相乘后得到的数字）。

让我们看一些成本函数。首先让我们看看下面显示的均方误差函数：

$$\text{MSE} \; = \; \frac{1}{n} \sum_{i=1}^{n} (t_i - act)^2$$

"t" = 目标输出（在我们的例子中为 3）。

"act" = 网络末端节点 C 的实际输出。

"n" = 训练示例的数量（在我们的简单示例中，只有一个训练示例 — 9000 万和 3。在真实的神经网络中，需要大量的训练示例才能训练网络

求和符号(∑)将目标（历史）和实际（生成）之间的所有差值平方相加。请记住，在我们的示例中，只有一个目标（3，实际天然气价格）和一个实际值（在网络中应用所有这些计算后，从节点C得出的任何数字）。但真正的神经网络会有许多目标数字和实际数字。这是因为我们会输入许多观察到的石油需求量。对于每个需求量，网络都会生成一个预测的天然气价格。这个预测价格会与天然气的实际历史价格进行比较。所有这些对（从 1 到 n）的平方差将通过求和符号相加。

在我们的示例中，一个训练示例（或训练对）3作为目标，假设2
作为实际值，该方程将计算出均方误差，如下所示：

$$\text{MSE} = 1/1 \; \sum_{i=1}^{1} (3 - 2)^2$$

$$\text{MSE} = \; 1$$

如果有多个训练示例/训练对，则将目标和实际值之间的所有差异平方相加，以**得**
出总均方误差。

以下是一些可以使用的其他成本函数：

平方误差

$$\text{SE} \;=\; \frac{1}{2}\sum_{i=1}^{n}(t_i - act)^2$$

误差平方和

$$\text{SSE} \;=\; \sum_{i=1}^{n}(t_i - act)^2$$

均方根

$$\text{RMS} \;=\; \sqrt{\frac{1}{n}\sum_{i=1}^{n}(t_i - act)^2}$$

请注意，上述每个成本函数都有一个共同点，即它们都取目标输出和实际输出之间
的差值。它们在这方面都是相关的，应该在神经网络中尝试使用每个函数，以创建
最高效、最准确的神经网络（我将在后面讨论）。如果"n"大于
2，则可以看到均方误差方程 (MSE) 将使误差看起来比平方误差方程 (SE)
更小（因为 MSE 将方程乘以 1/n，SE 将方程乘以 1/2）。平方误差方程之和
(SSE) 不会将其方程乘以任何分数，因此它大于 MSE 和 SE。并且 RMS
可能具有所有方程中最小的误差，因为它等于MSE的平方根。我们如何使用这些
信息？如果我们使用具有最大误差的方程并尝试最小化该误差，则可以说我们可能
拥有最准确的神经网络。但是，您应该尝试不同的成本函数并观察您自己的结果。

步骤 5

一旦我们使用上述成本函数之一找到神经网络的总误差，我们就需要将这个总误差分配给网络中的每个权重（W），因为我们的下一步是调整权重以最小化这个总误差。这意味着我们必须将总误差分配给w1、w2、w3和
w4（神经网络中的权重）。当您使用python编写神经网络时，代码将使用微积分中所谓的偏导数为您完成此操作。我们的编程将在后台完成此操作，我们不需要精通微积分即可使用 python 创建神经网络。

步骤 6

每个权重的误差由误差梯度表示。这实际上是特定权重图上某一点的斜率（或微积分中的导数）和成本函数计算的误差。我们需要最小化每个权重的误差，以便在给定全球需求数字时准确预测天然气价格。我们可以通过下图展示最小化   w1
的误差或梯度的过程。

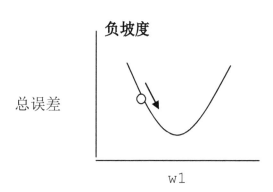

Figure 1.2

在上图中圆圈所在的位置，梯度向下倾斜（或具有负斜率）。在这种情况下，我们需要增加 W1 的值，以使总误差更小。这意味着向图的右侧移动。

创建用于二进制输出分类的前馈人工神经网络

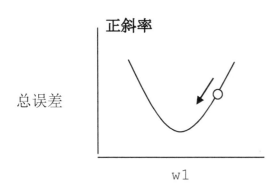

正斜率

总误差

w1

Figure 1.3

在上图中圆圈所在的位置，梯度向上倾斜（或具有正斜率）。在这种情况下，我们需要减小 w1 的值以减小总误差。这意味着向图的左侧移动。

请记住，神经网络的目标是改变权重（w1、w2、w3 等），以便当您将 9000 万的需求输入网络时，节点 C 的最终输出（完成所有计算后）将为 3（或**每加**仑汽油 3 美元）。当然，网络不仅输入了 9000 万以尝试将输出匹配为 3，而且还将代表石油需求的其他金额输入网络，并且网络尝试调整权重，以便这些需求金额也与已知的汽油价格相匹配。总而言之，我们输入了已知的石油需求和汽油价格，以便创建一个通过输入需求量来预测未知汽油价格的网络。

上图显示了我们的梯度相对简单的"U"形。然而，实际上，该图可能更复杂，有多个谷值和下降点。这就是为什么构建准确的神经网络可能是一项艰巨的任务。例如，您可能认为您已经达到了总误差的最小值，但实际上您只是达到了所谓的"局部最小值"，如下图所示。

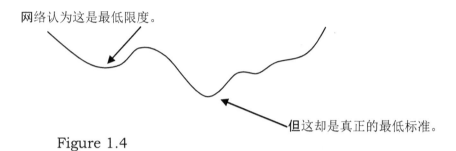

网络认为这是最低限度。

但这却是真正的最低标准。

Figure 1.4

为了帮助神经网络找到误差的实际最小值，某些算法用于将梯度移至实际最小值。我们将在阅读有关使用 Python 编程的文本部分时看到这一点。

在此过程中，权重使用公式进行更新。例如，如果网络试图更新权重 #1 或 w1，则将使用以下公式:

新的 w1 = 老的 w1 – LR X dE/dw1

上面的等式表明，新的更新后的 w1 等于旧 w1 减去学习率 (LR) 乘以网络总误差对 w1 的偏导数。这个偏导数显示为 dE/dw1，表示 w1 对网络总误差的贡献。当我们说总误差时，我们指的是节点 C 的结果与数字 3 相比有多大（或多小）。上面的等式表明我们正在从 w1 中减去 w1 对总误差的贡献。但减去的量会根据学习率进行调整。根据学习率，该过程将加快或减慢。

如果 dE/dw1 为正，即误差的斜率为正（见图 1.3），则 (- LR X dE/dw1) 计算出的量为负，因此我们要减小 w1，因为它太大了。

如果 dE/dw1 为负，即误差斜率为负（见图 1.2），则 (– LR X dE/dw1) 计算出的量为正，因此我们要增加 w1，因为它太小了。请注意，在图 1.2 中，当我们增加 w1 时，误差会随着我们从圆圈所在的位置向右移动而减小。

创建用于二进制输出分类的前馈人工神经网络

在这种情况下，（-LR   X   dE/dw1）为正，因为   LR   为负，dE/dW1 为负，当我们将这两个负数相乘时，结果为正数。

使用梯度下降更新权重有不同的方法。一种方法是批量梯度下降。在这种方法中，整个训练集都被输入到网络中。例如，在我们的例子中，我们不仅会将 9000 万和 3 美元输入网络。我们将输入整个训练集，该训练集将由数百甚至数千个在不同日子观察到的数字对组成。请记住，我们只输入了一天记录的 9000 万桶需求和 3 美元的汽油价格。我们将使用数百或数千天的需求和汽油价格并将其作为输入。完成此操作后，网络将把输入的每对数字的所有误差加起来（实际汽油价格与网络预测价格之间的差异）。完成此操作后，网络将使用前面描述的梯度下降过程来更新权重。当我们将整个训练集通过网络时，这称为一个时期。在构建神经网络时，您可以选择要有多少个时期。创建一个好的神经网络需要多少个时期？您需要进行实验并尝试不同的数字。当您使用多个时期时，上面的步骤 1 到 6 会在**每个**时期重复，并且权重会在每个时期后更新。也就是说，权重仅在输入整个训练集后更新（而不是在输入每个单独的输入时）。众所周知，批量梯度下降法在计算机处理器上非常慢。

另一种梯度下降方法称为随机梯度下降。在这里，权重将在每对数字输入网络后更新。在以前的方法中，权重是在输入所有数字对后更新的。换句话说，假设我们将 9000 万美元和 3 美元输入网络。在我们输入它并将节点 C 出来的金额与 3 进行比较后，网络将更新权重。然后我们将输入另一个需求/天然气价格对（例如 1 亿桶和 4 美元）。在我们输入它并将节点 C 出来的金额与 4 进行比较后，网络将再次更新权重。然后我们将输入另一个需求/天然气价格对数字，依此类推。每次我们输入另一对时，我们的权重都会更新，直到剩下什么系统认为这些是神经网络根据石油需求预测汽油价格的最佳权重。这类似于上面步骤中显示的示例，因为我们只输入了一个需求金额（9000万），系统将我们收到的输出与数字 3 进行比较。我们的输出与数字 3 之间的任何差异都构成了我们的错误。然后我们更新权重。

小批量梯度下降就像前面提到的两**种方法的**组合。在这里，将一堆需求/汽油价格数字对的误差相加（一堆，不是所有对），然后更新权重。然后输入另一堆数字对并求和误差。然后再次更新权重以最小化总误差。重复该过程，直到所有批次都输入网络。在整个训练集（由所有批次组成）用尽后，一个时期就完成了。如果我们选择两个时期，则重复该过程，并将整个训练集再次分成批次，在输入每个批次后，通过图 1.2 和 1.3 所示的梯度下降过程更新权重。

您可以看到，创建神经网络是一个迭代过程，我们可能会多次返回网络，直到我们拥有能够准确预测天然气价格的权重。

我刚才在前面的步骤中描述的返回网络和更新权重的算法称为反向传播。当我们通过使用反向传播完成神经网络的创建和训练后，我们就可以输入我们的输入并尝试预测某些东西或找到某些问题的答案。神经网络的输出类型将在本书的其余部分中解释。我描述的神经网络类型称为前馈神经网络。之所以称为前馈，是因为在训练和创建网络后，我们将某些东西输入到输入层，然后从输入层传播到隐藏层（在我们的示例中有一个隐藏层，但可能还有更多），然后从隐藏层传播到输出层。因此，输入沿一个方向传播，到达输出层，因此得名"前馈"。还有其他更复杂的神经网络类型，我们稍后会研究，其中输入进入隐藏层，然后绕回同一隐藏层

在进入下一个隐藏层或进入输出层之前。循环神经网络或RNN
就是这种情况，我们将在第4
章中看到。请注意，我之前说过，我们将"某些东西"输入到输入层。我们的输入不一定是普通的数字，我们稍后会看到。它可以是图像文件、音频文件、字符、浮点数据以及其他类型的数据。但是，最终这些其他类型的数据由数字表示，然后这些数字被输入到神经网络中。

具有两个以上输入节点的神经网络

与大多数神经网络相比，我们使用的示例非常简单。图1.1
中只有一个输入节点，用字母 A 表示。如果我们有两个输入节点，如图 1.5
所示，例如 A1 和 A2，那么网络会将 A1 的输入乘以 w1，将我们输入 A2
的输入乘以 w3（显示为两条虚线），将这两个结果相加，并将总和放入
B1。类似地，网络会将 A2 中的输入乘以 w4，将 A1 中的输入乘以
w2，将这两个结果相加，并将总和放入 B2，如下图 1.5 所示。然后，B1 和 B2
中的激活函数将使用各自方程/激活函数中的和，将其结果沿着网络转发到节点 C
表示的输出层，每个结果乘以w5或w6。然后，这两个乘法的结果将相加并插入位于节点 C 的激活函数中。最后，该函数的结果将是神经网络的输出或预测。

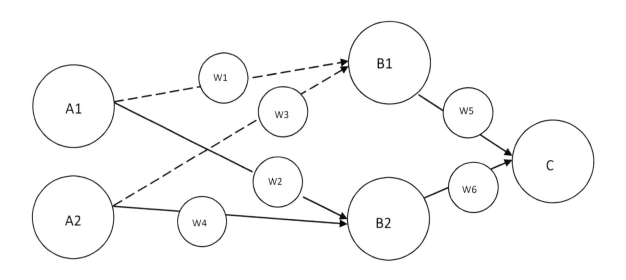

Figure 1.5 具有两个输入节点的神经网络。

偏差

在上面的例子中，我们没有使用偏差。偏差被添加到神经网络中，作为实现准确预测或准确分类的另一种工具。您可以将偏差视为另一个节点，其中已经有值（您不需要像在输入节点/神经元中那样输入值）。偏差节点通常具有1的值。每个偏差节点都附加一个权重。这些权重的更新方式与所有其他权重相同。偏差不附加到先前的层，而只附加到它们之前的层。参见图 1.6。将偏差乘以称为bw1的权重后，结果将添加到 (A X w1) 相等的值中。并将此结果放置在位于节点 B1 的激活函数/方程中。在 B2 中发生类似的过程，使用 (bias X bw2) 加上 (A X w2) 的结果。然后，该过程最终移动到节点 C，如图 1.5 中描述的网络所示。

Figure 1.6 图 1.1 中的神经网络添加了一个偏差，并增加了两个偏差权重

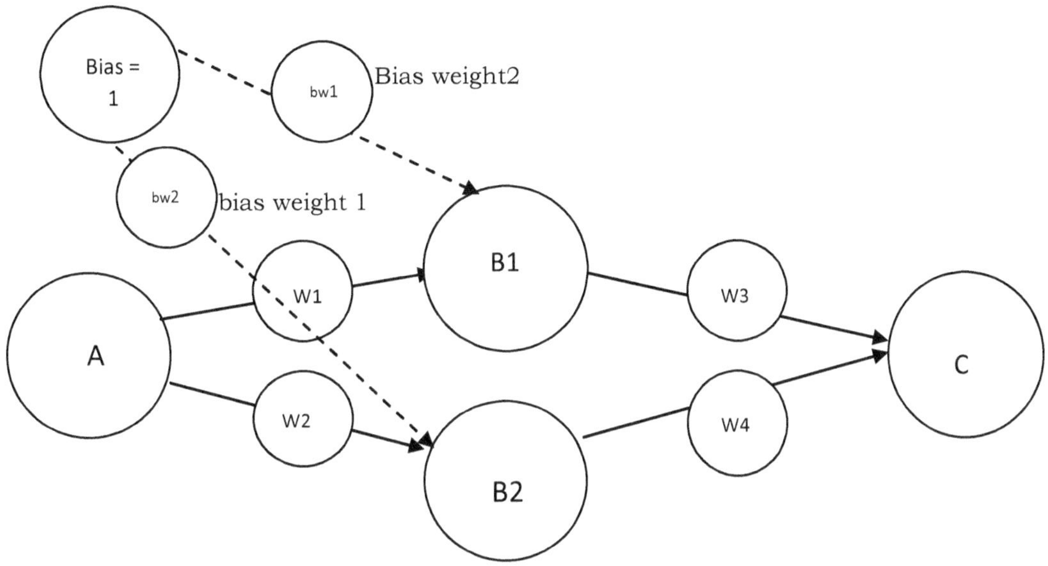

章节 2

使用 Python 创建前馈人工神经网络

现在您已经了解了神经网络的工作原理，接下来您将使用 Python 创建一个神经网络。我将首先显示神经网络的整个 Python 代码，包括简要描述代码的注释（注释以"#"符号开头）。然后，我将逐行分解代码，详细解释每一行。

我们将研究的第一个神经网络将用于预测美国某城市每百万居民报告的犯罪总数，方法是输入来自美国不同城市的五个输入变量。这五个变量依次为：每位居民的年度警察经费、25 岁以上受过 4 年高中教育的人口百分比、16 至 19 岁未上高中或未高中毕业的人口百分比、18 至 24 岁上大学的人口百分比以及 25 岁以上至少受过 4 年大学教育的人口百分比。

请记住，我们正在尝试创建一个神经网络，在将上述变量输入网络后，预测美国某城市每百万居民报告的犯罪总数。我们将输入用于训练网络的训练集不会太长。通常，神经网络应该使用数百甚至数千个训练集进行训练。我们将构建的神经网络将有一个输出，即数字。我们将构建的网络类型将是前馈人工神经网络，我们在上一章中解释过。神经网络旨在模拟人脑的学习方式。"人工"一词用于描述我们的网络，因为它是由人创建的。

为了让您了解训练集是什么样子，请看下面的图 2.1，其中显示了前 14 个城市的数据。数据取自以下网站：

---

https://college.cengage.com/mathematics/brase/understandable_statistics/7e/students/datasets/mlr/frames/frame.html.
数据最初来自 G.S. Thomas
所著的《美国小城市生活》一书。您可以在以下位置下载 CSV 文件：
https://raw.githubusercontent.com/stevedas/aiBook/main/crimeSTATS.csv

Figure 2.1

total_crime_reported	annual_police_funding_per_res	%_high_school_25yearsPlus	%_16_to_19_not_in_HS	%_18_to_24_in_college	%_college_degree
478	40	74	11	31	20
494	32	72	11	43	18
643	57	70	18	16	16
341	31	71	11	25	19
773	67	72	9	29	24
603	25	68	8	32	15
484	34	68	12	24	14
546	33	62	13	28	11
424	36	69	7	25	12
548	31	66	9	58	15
506	35	60	13	21	9
819	30	81	4	77	36
541	44	66	9	37	12
491	32	67	11	37	16

在我们输入训练集后，神经网络会自我调整（或自我训练），这样当上面第一行的五个变量（从年度警察经费开始）输入网络时，例如，网络将输出
478（或接近该数字）作为报告的犯罪总数。通过使用上述数据训练网络，网络有望能够预测我们没有犯罪统计数据的完全不同的城市的犯罪率。我们需要做的就是

这个新城市输入了以annual_police_funding_per_res开头的五个独立变量。在上图中，第一列（total_crime_reported_per_1_million）表示因变量或Y。其他五列表示X或独立变量。请注意，图2.1

中的第一列未完全展开，因此仅显示"total_crime_reported"，而没有显示"_per_1_million"，如果您扩展该列，就会看到它。

快速查看下面的代码，注意用# 符号标记的注释。还要注意代码缩进的位置。这在Python中很重要，因为它会告诉您哪些代码首先执行。在查看整个代码后，仔细阅读每行代码后面的说明。您可以参考原始代码以完整查看它，但是每行代码都会再次写下来并编号，一次一个部分，然后仔细解释。我使用 Google Colab 来运行代码，它允许您通过Web浏览器编写和执行Python代码。我强烈建议您先使用GoogleColab运行代码，然后再使用其他平台运行。如果您在其他IDE中运行代码，则可能需要通过繁琐的过程导入库。但是在 Google Colab 中，您只需键入"import"（如下所示）即可导入这些库，这些库提供了我们将在此项目中使用的功能。

```
# import the necessary libraries

import pandas as pd
from tensorflow.keras.layers import Dense, Dropout,\
Activation
from tensorflow.keras.models import Model, Sequential
from tensorflow.keras.optimizers import Adam

# Notice that at the end of each line below there is a
# backslash. This means that the code is continued on the
# next line.

crime_data = pd.read_csv("https://raw.githubusercontent\
.com/stevedas/aiBook/main/crimeSTATS.csv",\
sep=',')



# take out the "total_crime_reported_per_1_million_res"
# column from the housing_data dataset and use it as the Y
```

创建用于二进制输出分类的前馈人工神经网络

```python
# variable
X = crime_data.drop(['total_crime_reported_per_1_million\
_res'],axis=1).values
Y = crime_data[['total_crime_reported_per_1_million_res']\
].values

#divide the variables into training and test sets using
# the train_test_split function
from sklearn.model_selection import train_test_split
X_train, X_test, Y_train, Y_test = train_test_split(X, Y,\
test_size=0.20, random_state=25)




#notice the lines after the first are indented inward. This
# is because all the lines indented define the model.
# The following lines create the model of the neural
# network before it is trained

def create_model (learning_rate, dropout_rate):

    model = Sequential()
    model.add(Dense(100, input_dim=X_train.shape[1],\
    activation='relu'))
    model.add(Dropout(dropout_rate))
    model.add(Dense(50,  activation='relu'))
    model.add(Dropout(dropout_rate))
    model.add(Dense(25,  activation='relu'))
    model.add(Dropout(dropout_rate))
    model.add(Dense(1))

    adam = Adam(lr=learning_rate)
    model.compile(loss='mean_squared_error',\
    optimizer=adam, metrics=['mae'])
    return model




# initialize some variables
dropout_rate = 0.1
```

```
epochs = 100
learn_rate = 0.01


#create the model using the initialized variables
model = create_model(learn_rate, dropout_rate)


#Notice the backslashes at the end of the lines. This
#means the code of a line is continued on the next line.
#This next line is used to train our neural network model
model_history = model.fit(X_train, Y_train,\
 batch_size= 1, epochs=epochs, validation_split=0.2,\
verbose=1)

#evaluate the model's accuracy
score = model.evaluate(X_test, Y_test, verbose=1)

print("Loss:", score[0])
print("Mean Absolute Error:", score[1])




#graph the mean absolute error for the training and test
#sets
import matplotlib.pyplot as plt

plt.plot(model_history.history['mae'])
plt.plot(model_history.history['val_mae'])
plt.legend(['train','test'], loc='upper right')
plt.title('Model Error')
plt.ylabel('Mean Absolute Error')
plt.xlabel('Epoch')




#create fictitious variables for each of the independent
#variables in order to make a prediction about
```

```
# total_crime_reported_per_1_million_res

X_new = [[30,74,11,31,20]]

# Use the prediction function to predict
# total_crime_reported_per_1_million_res
# from the variables entered in the X_new list

prediction = model.predict(X_new)

# print the prediction
print("The total crime reported per 1 million residents would be:",\
prediction)


# The following code displays the structure of the model
from tensorflow.keras.utils import plot_model
plot_model(model, to_file='model_plot1.png',\
show_shapes=True, show_layer_names=True)
```

解释每一行代码

```
1 # import the necessary libraries
2 import pandas as pd
3 from tensorflow.keras.layers import Dense, Dropout,\
  Activation
4 from tensorflow.keras.models import Model, Sequential
5 from tensorflow.keras.optimizers import Adam
```

我在这里对每行代码都进行了编号，以便于引用每一行。但是，当您将 Python 代码输入Python集成开发环境或PythonIDE 时，您不应该输入每行左侧的数字。如果您不熟悉某些术语，请参阅第一章以获得更完整的解释。

上面的第一行是注释。当一行以#符号开头时，Python 会识别注释。注释用于以方便的方式解释代码，并直接显示在源代码中。在您编写程序几天或几个月后，对代码进行一定的解释总是有帮助的，不仅对您自己有帮助，对与您一起工作的其他程序员也有帮助。我们示例中的大多数注释都是不言自明的，从现在开始，我可能会将它们包含在解释的代码中。为了反映源网站上显示的实际代码，注释将以英文书写，不会翻译成中文。不过，本书中代码行的解释都是用中文写的，并在注释中包含了英文的解释。

第1行到第5行导入了程序的特定库。我们需要将特定库导入到程序中，以便使用某些函数来创建神经网络。如果我们不导入这些库/函数，我们将不得不编写更多行代码来完成相同的任务。例如，我们需要导入
"Sequential"在第4行中，我们导入了keras
库中的函数来创建神经网络。在您自己的自制代码中，您只需键入上面的代码即可导入这些所需的库和函数。我们在第 2 行导入了 pandas，以便将 CSV 文件（提供用于训练网络的数据）导入到我们的程序中。我们在第3
行将其称为"pd"，因为在我们的程序中编写它比使用完整单词"pandas"更容易。
在第 3 行中，我们从 tensorflow.keras.layers 库导入了几个函数。
密集函数用于构建

神经网络的内部层，在这里进行计算以预测我们的输出（在本例中为报告的犯罪数量）。Dropout函数用于在训练阶段的每次更新时将构成隐藏层的神经元（有时称为节点）随机设置为0。这样做是为了避免"过度拟合"。过度拟合是指神经网络对训练数据的训练过于完美，以至于它无法对新数据做出准确的预测。这是因为网络习惯于将训练数据与已知的报告犯罪值相匹配，以至于输入的任何新数据都不会给出准确的预测（有关如何训练神经网络的描述，请参阅第一章）。从tensorflow.keras.layers库导入的激活函数（如第3

行所示）使我们能够在网络中使用激活函数。在我们输入本章开头描述的所有独立X 变量后，这些函数最终将帮助我们计算或预测报告的犯罪数量。请注意，第 3行的行末有一个反斜杠（"\"）。反斜杠用于在空间不足时将代码继续到下一行。注意不要在反斜杠前后留下任何空格，否则代码将无法编译并显示错误。

在第4行，我们看到导入了Model和Sequential

函数。这些函数帮助我们构建神经网络。之所以称为"Sequential"，是因为每一层都是按顺序输入的，正如您将在后面的代码中看到的那样。

第 5 行从优化器库中导入"Adam"。Adam

是一**种**优化算法，用于实现梯度下降以训练神经网络（有关梯度下降及其如何训练网络的解释，请参阅第 1 章）。

```
6 crime_data = pd.read_csv("https://raw.githubusercontent\
.com/stevedas/aiBook/main/crimeSTATS.csv",\
sep=',')
```

在第6行，我们使用pandas库中的read_csv

函数导入用于训练网络的数据。我们读取的是所谓的CSV

文件（逗号分隔值）。在这种格式下，python

可以很容易地使用它来训练神经网络，如下所示。当read_csv

函数从括号中显示的网站导入数据时，它会将数据放入所谓的DataFrame

中，特别是 pandas DataFrame。在第 6 行，DataFrame 被命名为

"crime_data"。pandas DataFrame

是二维数据结构，带有标记的行和列。它可以被编辑，每列可以包含不同的数据类

型。但是，在我们的示例中，crime_data DataFrame
中包含所有数字。下面您可以看到包含前 7 行的 DataFrame：

Figure 2.2 crime_data dataframe

	total_crime_annual_poli	%_high_sch	%_16_to_19	%_18_to_24	%_college_degree
0	478	40	74	11	31	20
1	494	32	72	11	43	18
2	643	57	70	18	16	16
3	341	31	71	11	25	19
4	773	67	72	9	29	24
5	603	25	68	8	32	15
6	484	34	68	12	24	14

如果我们在任何Python开发人员IDE
中运行命令"crime_data"，我们就可以看到这个DataFrame。在Google
Colaboratory 中，如果我们输入 crime_data，请突出显示它并选择 "Run
selection" 从 Runtime 菜单中，您将看到上面的 DataFrame。请注意它与图
2.1中显示的CSV
文件有何不同。在上面的数据框中，第一列显示数字，顶行显示列的标题（它们被
压缩，因此我们看不到每列的全名）。
你实际上应该养成逐段运行代码的习惯，使用突出显示某一部分然后选择
"Run selection"
从运行时菜单中。如果您以这种方式逐段运行代码，您可能会更好地了解每行代码
的作用及其在整个程序中的用途。

```
# take out the "total_crime_reported_per_1_million_res"
# column from the housing_data dataset and use it as the Y
# variable
7 X = crime_data.drop(['total_crime_reported_per_1_million\
  _res'],axis=1).values
8 Y =crime_data[['total_crime_reported_per_1_million_res']\
  ].values
```

在第 7 行中，我们采用 "total_crime_reported_per_1_million_res"变量从名为 crime_data

的数据集中取出，并将结果放在名为"X"的新数组中。我们这样做是因为我们希望 X　　变量成为预测变量（或独立变量）。变量 "total_crime_reported_per_1_million_res"

是我们试图预测的，所以它被称为因变量或"Y"。python

中的数组是具有相同数据类型的元素的集合。我们在第7

行中所做的实际上是删除图2.2

中的第一列和第二列，并删除带有标题的第一行。结果如下所示Figure 2.3以下。

Figure 2.3　删除了 total_crime_reported_per_1_million_res 列的 X 数组

40	74	11	31	20
32	72	11	43	18
57	70	18	16	16
31	71	11	25	19
67	72	9	29	24
25	68	8	32	15
34	68	12	24	14

它在代码中，但是，在Google　　Colaboratory中，如果我们输入 X，突出显示它并选择"Run　　selection"从Runtime

菜单中，您将看到下面的数组。请注意，它具有与图2.3

相同的数字，并且顺序相同（此处仅显示前 7 行）：

Figure 2.4

```
array([[40, 74, 11, 31, 20],
       [32, 72, 11, 43, 18],
       [57, 70, 18, 16, 16],
       [31, 71, 11, 25, 19],
       [67, 72,  9, 29, 24],
       [25, 68,  8, 32, 15],
       [34, 68, 12, 24, 14],
```

请记住，在运行前面描述的 X
命令之前，先运行整个前面的代码。这是真的，因为你必须上传数据集，如第 6
行所示，否则当你只是要求计算机运行"X"时，计算机将不知道"X"是什么。

第 7 行使用 drop
函数删除标记为"total_crime_reported_per_1_million_res"的列。"axis =
1"告诉 python 这是我们要删除的列。如果它说"axis = 0"，我们会告诉 python
删除一行。

在第 8
行中，我们将"total_crime_reported_per_1_million_res"列放入名为"Y"的数组
中。我们这样做是因为我们需要隔离这个变量，因为当我们开始训练网络时，我们
希望将它用作我们的因变量或我们希望预测的数字。

在第 7 行和第 8 行中，".values"函数返回编辑 crime_data DataFrame
的结果中的所有值。

```
9    from sklearn.model_selection import train_test_split
10   X_train, X_test, Y_train, Y_test = train_test_split\
     (X, Y, test_size=0.20, random_state=25)
```

在第 9 行中，我们从 sklearn 库中导入了一个名为 train_test_split
的函数，我们将在第 10
行使用它。为了训练我们的模型并评估其准确性，我们需要将 X 和 Y
数组中的数据分为训练集和测试集。训练集标记为X_train和
Y_train。测试集标记为 X_test 和 Y_test。第 10 行显示名为 train_test_split
的函数使用 X 和 Y 数组中的数据完成此操作。第 10 行还显示数组中的 0.20 或
20%的数据将用于测试网络的准确性。因此，其余部分或80%
将用于训练网络。这些百分比在训练和测试神经网络时相当标准，但是，您可以更
改它们。
接下来，我们需要为名为"random_state"的变量指定一个数字。如果你没有在代
码中指定 random_state，那么每次你
运行（执行）代码时会生成一个新的随机值，每次运行代码时，训练和测试数据集
的值都会不同。

创建用于二进制输出分类的前馈人工神经网络

但是，如果分配了固定值，如 random_state = 0 或 1 或 42
或任何其他整数，则无论执行代码多少次，结果都是相同的，即训练和测试数据集
中的值相同。
random_state
参数用于初始化内部随机数生成器，它将决定将数据拆分为训练组和测试组。将
random_state 设置为固定值将确保每次运行代码时，X 和 Y
都以相同的方式分为 X_train/X_test 和 Y_train/Y_test。您可以省略
random_state 参数，让 X 以不同的方式划分自身，并在每次运行代码时为
X_train 和 X_test 提供不同的数字（并让 Y 为 Y_train 和 Y_test
提供不同的数字）。但如果您希望向其他人展示您取得的某些成果，您可以考虑包
括 random_state 参数。

```
11 def create_model(learning_rate,dropout_rate):

12    model = Sequential()
13    model.add(Dense(100, input_dim=X_train.shape[1],\
      activation='relu'))
14    model.add(Dropout(dropout_rate))
15    model.add(Dense(50,  activation='relu'))
16    model.add(Dropout(dropout_rate))
17    model.add(Dense(25,  activation='relu'))
18    model.add(Dropout(dropout_rate))
19    model.add(Dense(1))

20    adam = Adam(lr=learning_rate)
21    model.compile(loss='mean_squared_error',\
22    optimizer=adam, metrics=['mae'])
23    return model
```

第11行定义或创建神经网络模型。def是Python
中定义函数的关键字，该函数使用名为的自解释变量创建神经网络模型

learning_rate和drop_out
rate。这些变量的值将在稍后的代码中指定，并将用于在稍后的代码中引用此名为

create_model_regression 的函数时创建神经网络。因此，在第 11 行到第 23 行中，我们定义了一个神经网络模型，稍后我们将提供变量来训练和创建神经网络。

训练期间权重（用于计算）的更新量称为步长或"学习率"。选择合适的学习率可能需要反复试验。太小的学习率可能会导致漫长的训练过程，而网络中的误差无法充分最小化。但是，选择太大的值可能会导致权重变化过快，最终导致预测/结果不准确的权重。最好从小处着手，通过逐渐提高学习率并在每次更改速率时运行代码来查看效果。

drop out rate 用于定义模型。它由名为"dropout_rate"的变量表示。有关 drop out rate 的更多详细信息，请参阅第 3 行的说明。我们将使用一个数字表示 drop out rate。但是，一些数据科学家对输入层使用的 drop out rate 比对隐藏层/内部层使用的 drop out rate 更大。您应该尝试使用 drop out rate 来查看错误是否会随着不同的速率而变化。我们将在后面的代码中观察我们如何看到网络的错误。

第 12 行将模型定义为顺序的。这意味着模型将逐层创建。在第 13 行中，我们向网络添加了一个包含 100 个神经元的层（如果您还记得第 1 章中我们的模型在其一个内部层中只有两个神经元）。input_dim 是输入的大小。在这里，我们将输入维度（或输入层中的神经元数量）等同于 X_train 列的"形状"（由于指定了 [1]，所以是列。[0] 将指定行）。列的形状表示我们为了训练网络而输入的列数（或不同类型的训练变量的数量）。从图 2.4 中可以看到，我们的 X 数组有 5 列。X_train 是 X 数组的子集，因此它也有 5 列。这 5 列代表我们用来预测报告的犯罪数量的 5 个独立X 变量。正如我们在本章开头所学的，这五个变量是每个居民每年的警察经费，占

25 岁以上且受过 4 年高中教育的人、16 至 19 岁未上高中或未高中毕业的人所占的百分比、18 至 24 岁上大学的人数所占的百分比以及 25 岁以上且受过至少 4 年大学教育的人所占的百分比。

创建用于二进制输出分类的前馈人工神经网络

在 Google Colaboratory 中，如果我们输入
X_train，突出显示它并从运行时菜单中选择"运行选择"，您将看到图 2.5
中的以下数组（前 4 行）。这证明 X_train 有 5 列。

Figure 2.5

```
array([[30, 65, 12, 35, 11],
       [39, 48, 16, 32, 11],
       [32, 50, 19, 21,  9],
       [55, 42, 23, 23, 11],
```

We need the number of neurons in the input layer to be 5 in order to accept the 5 previously mentioned types of input variables (see figure 2.6). If there were only two types of X input variables, then there would be 2 neurons in the input layer.

Figure 2.6 Five neurons represent the input layer of our model

在第13行中，我们使用反斜杠(\)
将代码延续到下一行。我们看到代码激活='relu'。这意味着在输入层之后的层中的
100个神经元中，每个神经元都有一个称为"relu"的激活函数。ReLU
代表整流线性单元。训练一个
与使用其他激活函数相比，使用 ReLu
的神经网络往往收敛得更快、更可靠。当神经网络的输出应为正数时，通常使用
ReLu。由于我们试图预测报告的犯罪数量，因此我们模型中的输出应为非负数。

从数学上讲，ReLu 函数定义为 y = max(0, x)，其中 x 为正数。图形上如图 2.6 所示。

Figure 2.6 Graphical representation of a relu activation function

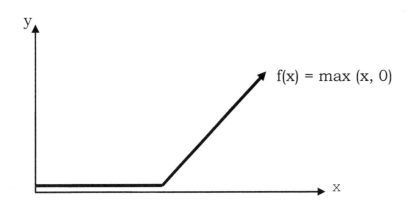

如果您阅读第 1
章，您将看到这些函数位于输入层之后的各层的每个神经元内，它们用于计算我们的预测。

激活函数有几**种**类型。Sigmoid
用于二元分类模型，其中我们正在寻找的输出可以是两种类型之一，例如生病/不生病、是/否等。Softmax
用于多类分类问题，其中您将实例分类为三个或更多类之一。一个例子是当我们的神经网络的输出从三个或更多不同的类别中选择/预测一个时
类型（预测动物**种**类、预测疾病类型等）。还有其他激活函数，并且正在开发更多激活函数。在本章末尾，我将解释一些激活函数以及何时使用它们。在第 14
行，程序在包含 100 个神经元的层之后添加了一个 drop out。参见
在解释代码第 3 行时，我们解释了 drop out 函数。

第 15 行添加了另一个"密集"层，该层有 50 个神经元，每个神经元都包含一个 relu
激活函数。该层之所以被称为"密集"，是因为我们说它是"深度"连接的，这意味着

每个密集层中的每个神经元都从前一层的所有神经元接收输入。因此，输入层之后的任何层都符合此定义，包括输出层。由于第一个密集层中有100个神经元，下一个密集层中有50个神经元，因此很难在此处说明神经网络。要查看简化神经网络的结构，请参阅第1章。第16行添加了另一个 drop out 函数，用于前一个具有 50个神经元的密集层。第17行添加了另一个"密集"层，该层有25个神经元，每个神经元都包含一个 relu 激活函数。第18行添加了另一个 drop out函数，用于前一个密集层。第19行添加了最后一个密集层，该层有一个神经元，将作为输出层。我们的预测将来自这个神经元/节点。

第20行创建了网络的Adam优化器。优化器是用于更改神经网络属性的算法。这些属性是我们之前描述的权重和学习率。它们通过第1章中描述的梯度下降过程进行更改，以减少网络的误差。Adam这个名字来自自适应矩估计。Adam使用梯度估计来调整用于调整神经网络每个权重的学习率。换句话说，Adam优化器调整其学习率以找到每个参数的单独学习率，从而带来最小的误差。回想一下，误差来自网络从输出层输出的数字与我们训练集中已知数量之间的差异。例如，让我们考虑一个比本章中描述的程序更简单的情况。我们可能有一个训练集，其中报告的犯罪数量与警察资金数量配对（一个Y变量和一个X变量）。假设我们的训练集显示，一年内 10,000 美元的警察资金导致 200 起犯罪报告。如果我们创建一个神经网络并将10,000输入网络，我们预计（如果网络是高效的）输出为 200 或接近 200 的数字。如果输出显示300，则100的差异会增加网络的总误差。然后我们将输入额外的训练金额并计算这些差异。这些与训练集中金额的差异会加在一起来计算网络的总误差。这就是我们训练网络的方法。我们输入已知金额（在这个小例子中，是警察经费和犯罪报告的历史金额），并尝试调整网络中的权重，这样当我们输入每个警察经费金额时，我们都应该得到已知的犯罪报告历史金额。然后，在我们训练网络之后，如果我们输入

新的警察经费数据（我们不知道该数据的历史犯罪数量），网络应该能够准确预测给定警察经费后将报告的犯罪数量。在这个小例子中，我们只有一个X变量（警察经费）用于预测报告的犯罪数量。但是，在本章中我们分析的代码示例中，我们有 5 个不同的变量（5 个不同的 X）用于预测报告的犯罪数量。这 5个变量是：每位居民的年度警察经费、25岁以上受过4年高中教育的人口百分比、16 至 19 岁未上高中或未高中毕业的人口百分比、18

至   24   岁上大学的人口百分比以及   25   岁以上受过至少   4
年大学教育的人口百分比。

在第 21

行中，我们使用编译函数。编译函数是创建神经网络模型的最后一步。编译完成后
，我们可以指定模型的变量数量并创建神经网络。

代码loss='mean_squared_error'

指定将使用均方误差损失函数来计算网络的总误差。总误差是将网络的每个输出（
输入每组X变量后）与其对应的已知 Y 变量进行比较后观察到的所有误差的总和。

在第一章中我们看到了以下内容：

$$\text{MSE} = \frac{1}{n}\sum_{i=1}^{n}(t_i - act)^2$$

"t" = 目标输出（或历史犯罪报告数量）。

"act" = 网络末端节点 C 的实际输出（或网络预测的犯罪报告数量）。

"n" = 训练示例的数量

通过使用均方误差方程作为我们的损失函数，我们告诉网络调整权重，以便最小化
上述方程所表示的值。

我们看到第 21 行末尾有一个反斜杠 (\)，这意味着我们必须在下一行继续执行第
21 行的代码。接下来我们看到

代码正在利用我们在第 20 行创建的 Adam 优化器，将其添加到我们的模型中。
接下来，我们看到在第22

行将一个度量添加到模型中。度量是**一种用于判断模型性能的函数。度量函数**类似

于损失函数，不同之处在于在训练模型时不使用评估度量的结果。MAE
代表误差绝对值的平均值。MAE
测量一组预测中误差的平均幅度。它是绝对误差的平均值。它由以下公式计算：

$$\text{MAE} = = \frac{1}{n}\sum_{i=1}^{n}\left|y_i - obs_i\right|$$

y 表示预测的已报告犯罪数量，obs
表示观察到的（历史）已报告犯罪数量。将每个差值的绝对值相加，并将总和除以
训练集中的观测值数量。

当我们在程序的第 28 行稍后运行代码时，您将看到每个时期的 MAE
量。回想一下，一个时期是当所有训练变量都输入到网络中时。这将发生几次，从
而产生多个时期。

在添加了第 11 行到第 22 行的所有细节后，第 23 行返回模型。return
语句用于结束函数调用的执行并"返回"结果，在本例中是我们的神经网络模型。在
本例中，我们的函数是从第 11 行**开始的** def create_model。

```
24 dropout_rate = 0.1

25 epochs = 100
26 learn_rate = 0.01
```

第 24 行至第 26 行初始化用于创建神经网络的变量。在第 24
行中，我们指定了模型中使用的 dropout 率，其目的之前已讨论过。第 25
行指定了epoch的数量。epoch
越多（或我们进入训练集的次数），训练网络所需的时间就越长。我们不想使用太
多epoch来过度训练我们的网络，我们也不想使用太少epoch
来训练我们的网络。我们示例中的数据集相对较小，只有50行输入变量。因此我
选择了100个 epoch。这可以调整，您可以看到错误如何变化。

第26行初始化学习率。回想一下，我们不想使用太小的学习率，因为这样会导致
误差减少得不够，我们也不想使用太大的学习率，因为太大会导致权重变化太快，
最终导致权重导致不准确的预测/结果。我选择了

.01，但您可以调整它并查看它如何影响误差。

```
27 model = create_model_regression(learn_rate,\
   dropout_rate)
```

在第 27 行中，代码使用第 11 行至第 22 行代码中定义的 create_model
方法创建神经网络。创建网络时，它使用在第 26 行中初始化的学习率和在第 24
行中初始化的 dropout 率。

```
#Notice the backslashes at the end of the lines. This
#means the code of a line is continued on the next line
28 model_history = model.fit(X_train, Y_train,\
   batch_size= 1, epochs=epochs, validation_split=0.2,\
   verbose=1)
```

在第 28
行中，请注意行尾的反斜杠。正如我们之前所见，这意味着上一行的代码会在下一
行继续。

在第 28 行中，我们使用模型调用的 fit 函数来训练神经网络。在 Python
中，句点 (.) 用于调用函数。X_train 数组（参见图 2.5）和 Y_train
数组用于训练网络。

批处理大小是在更新网络中的权重之前要输入到网络中的样本数。在本例中，批处
理大小为 1。这意味着当 X_train
数组的每一行输入到网络中时，网络中的所有权重都会更新。从图

2.5 中可以看到，**每一行都有五个X** 变量。因此，每次将一行X
变量放入系统时，权重都会以某种方式更新，以尝试使网络的输出等于 Y_train
数组中的每个 Y。请记住，我们试图构建一个网络，这样当我们输入 X_train

数组的每一行的五个独立X变量时，我们会得到Y_train
数组中的相应数字。如果我们不这样做
得到   Y_train
数组中的相应数字，则会出现错误，网络将尝试更改网络中的权重以减少该错误。

一旦输入了 X_train 数组的所有行，并且网络尝试调整权重，以便网络的输出与
Y_train 数组的相应数字相匹配，则一个 epoch 就过去了。当输入了 X_train
数组的所有行时，一个 epoch 就过去了。在第 25 行中，epoch 数初始化为
100，在第 28 行中，我们将 epoch 数等于名为"epochs"的变量的值，即
100。这意味着整个 X_train 数组（其所有行）要经过网络 100 次。
validation_split
是用作验证数据的训练数据的一部分。模型将分开这部分训练数据，并且不会用它
来训练网络。相反，它会在每个时期结束时评估这些数据的误差（它将网络在这个
数据上的输出与 Y_train 数组中的相应数量进行比较）。验证数据是从 X_train
和 Y_train 数组的最后一行中选择的。在我们的例子中，X_train 数组的 20% 或
0.2不用于训练模型。它用于评估特定的20%的X
的误差。你可以把它想象成一个迷你测试数据。"verbose=1"表示当数据训练模型
时，我们将看到每个时期的进度条。"verbose=0"将不显示任何内容。"verbose=
2"只会提到时期的数量（在我们的例子中从1到
100）。当你运行代码实验并亲眼看到 verbose 的值的变化时。

```
#evaluate the model's accuracy
29 score = model.evaluate(X_test, Y_test, verbose=1)

30 print("Loss:", score[0])
31 print("Mean Absolute Error:", score[1])
```

在第 29 行中，我们调用评估函数来评估模型的准确性。在第 30 行中，我们打印
score[0]，它表示损失（所有时期过去后训练集的误差），在第 31
行中，我们打印 score[1]，它表示准确性，以平均绝对误差的大小表示。

```
#graph the mean absolute error for the training and test
#sets
32 import matplotlib.pyplot as plt

33 plt.plot(model_history.history['mae'])
34 plt.plot(model_history.history['val_mae'])
35 plt.legend(['train','test'], loc='upper right')
36 plt.title('Model Error')
37 plt.ylabel('Mean Absolute Error')
38 plt.xlabel('Epoch')
```

第 32 行从 matplotlib 库导入 pyplot 库并将其命名为"plt"。将名称缩写为 plt
可以在程序中的多个位置编写它时节省一些时间。需要此库来根据数据绘制图形。
第 33 行和第 34
行分别绘制训练集的平均绝对误差和测试集的平均绝对误差。Python 使用
history 函数来执行此操作。第 33 行从历史记录中提取 mae，第 34
行从历史记录中提取 val_mae。
val_mae 是我们的交叉验证数据（测试数据）的平均绝对误差值，mae
是我们的训练数据的平均绝对误差。回想一下，平均绝对误差方程如下所示：

$$\text{MAE} = = \frac{1}{n}\sum_{i=1}^{n}\left|y_i - obs_i\right|$$

当我们使用训练集 (X-train) 进行预测时，MAE 将测量误差的平均幅度。MAE
方程还将用于测量测试集的平均误差幅度。代码将每个时期的平均绝对误差值从 1
到 100 放在图表上。运行代码时，您会看到图表在横轴上从 1 到 100
编号。纵轴上是每个时期每个 MAE 的值。

创建用于二进制输出分类的前馈人工神经网络

显示此图的目的是查看测试集(X_test)的MAE是否大于训练集
(X_train)。如果是这样，则可能发生了"过度拟合"。这意味着网络经过了很好的训练以适应训练集，以至于输入新数据（或不在训练集中的数据）将给出不准确的预测。记住，训练的目的是让权重达到一定的量，这样当我们输入五个X
的已知值时（每个居民每年的警察经费，人口百分比 25

假设有 16 至 19 岁且受过 4 年高中教育的人占比、16 至 19
岁且未受过高中教育或未毕业的人占比、18 至 24 岁且在大学就读的人占比以及
25岁以上且受过至少4年大学教育的人占比），网络将输出已报告犯罪数量的已知值（y变量）。这些已知值是之前记录的；我们知道每行X
变量报告了多少犯罪。我们想要做的是预测五个 X 的犯罪数量，这些 X
变量在历史上没有记录，我们不知道报告了多少犯罪。这就是神经网络的意义所在，它为我们提供新信息，而不是为我们提供我们已经知道的信息。但我们需要我们
已经知道的信息（我们的X_train数据集和 Y_train 数据集）来训练我们的网络。

第 35
行在图表的右上方添加了一个图例。这个图例将显示训练集误差图的颜色以及测试集误差图的颜色。第 36 行在图表顶部添加了一个标题。第 37 行在 Y
轴上添加了一个标签，即前面提到的平均绝对误差。第 38 行在 X
轴上添加了一个标签，表示我们的时期。

```
#create fictitious variables for each of the independent
#variables in order to make a prediction about
# total_crime_reported_per_1_million_res
```

```
39 X_new = [[30,74,11,31,20]]
```

最后，我们来到了构建神经网络的关键点：根据未知的 X
变量进行预测。假设我们想知道，如果每个居民每年的警察经费为
30（以百万计），25 岁以上接受过 4 年高中教育的人口比例为 74%，16 至 19

岁未上高中或未完成高中教育的人口比例为 11%，18 至 24 岁上大学人口比例为 31%，25岁以上至少接受过4年大学教育的人口比例为 20%，那么犯罪率会是多少。我们将制作第39 行所示的列表，并将其输入到我们新形成的神经网络中以获得答案。

列表是 Python 中的一种数据结构，其元素可以更改，并且可以包含任意数量的项目。每个项目可以是不同的类型（整数、浮点数、字符串等）。列表的项目括在方括号中，并具有有序序列。请注意，第 39 行的列表括在两个括号中。这意味着它是一个二维列表。这意味着至少有一行和一列。上面的列表有一行五列。每列都有一个数字。列的索引从零开始。列表的行也从零开始。例如，要检索数字 30，我们需要请求行 0 和列 0。在 python 中，这看起来像 X_new[0][0]。运行整个程序后，尝试输入并运行代码：print(X_new[0][0])。这将返回第一个元素 30。请记住，为了在 Google Colab 中单独运行特定代码行，请突出显示它，然后在"运行时"下拉菜单中选择"运行选择"。

创建 X 变量列表后，我们需要使用模型中的"预测"函数并为其提供 X_new 列表。下面的第 40 行就是这样做的。

```
40 prediction = model.predict(X_new)
```

在第 40 行，我们使用模型的预测函数创建了一个对象，并将该对象称为"预测"。我们通过将X_new列表输入到函数中来插入新的X 变量。通过使用预测函数，我们基本上将X_new 列表的所有五个变量输入到神经网络中。在经过每个节点/神经元内的所有激活函数并将金额乘以网络中的不同权重后，网络输出一个数字。如果每位居民的年度警察经费为 30（以百万计），25 岁以上拥有 4 年高中教育的人占 74%，16 至 19 岁未上高中或未高中毕业的人占 11%，18 至 24 岁上大学的人占 31%，25 岁以上至少拥有 4 年大学教育的人占 20%，则这个数字将是预测的犯罪数量。

```
41 print("The total crime reported per 1 million residents would be:",\
   prediction)
```

第 41
行打印出一条用引号括起来的消息。然后它打印变量"prediction"的任何值。请注意，当您想要打印出文本时，必须将其括在引号中。但是，如果您希望打印变量中包含的金额，则无需将其括在引号中。从头到尾运行整个代码，看看 prediction 的值是什么。

```
# The following code displays the structure of the model
42 from tensorflow.keras.utils import plot_model
43 plot_model(model, to_file='model_plot1.png',\
44 show_shapes=True, show_layer_names=True)
```

上面的三行代码显示了我们的神经网络的结构。换句话说，当你运行这段代码时，你会看到一个图表，显示网络由多少层组成以及每层中的节点数。该图还将显示哪些密集层将使用 Dropout 函数。请注意我在运行图 2.7 中第 42 行至第 44 行的代码后收到的图表。

第 42 行导入 plot_model 函数。第 43
行使用它来绘制我们创建的神经网络模型的架构。请注意，model（在第 27 行创建）是括号内函数的参数。代码 to_file='model_plot1.png' 将图形转换为 png
图像文件。"show_shapes=True"显示每层的输出形状，"show_layer_names=True"显示每层的名称。请注意，每层都有一个输入和输出的数字。

Figure 2.7

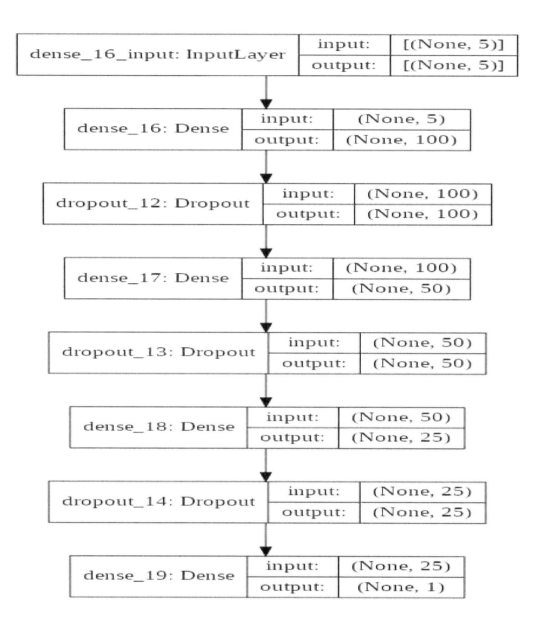

请注意，上图中第一个矩形标记为"InputLayer"。它显示有　5　个输入，代表 X_train 数组中包含的 5 列 X 变量。请注意，右侧的 5 InputLayer 输入行上括号的左侧表示 5 列，这 5 列代表我们需要输入的 5 个不同变量。在括号的左侧，您会看到单词"无"。这是因为括号的左侧表示将输入 到网络中的行数（或每个 X 组 5 个）。它显示"无"，因为网络不知道我们将向网络中输入多少行/5 个 X

创建用于二进制输出分类的前馈人工神经网络

变量。这很重要，因为我们可能希望在未来使用比 X-train
中更大的训练集来训练网络，因此输入的行数不应受那里的数字限制。
我们看到输入层也输出 5 列/X
个变量。下一层是我们的第一个"密集"层。它之所以被称为密集，是因为它接收来
自前一层的输出。该层的输入显示每次输入一行数据时都会向其中输入 5
个变量。它还显示这 5 个变量被输入到 100 个节点/神经元中。这意味着 5
个输入节点中的每一个都连接到 100 个密集层节点。请参见图 2.8
以了解其外观。

Figure 2.8   5 个输入节点进入 100 个内部密集层节点

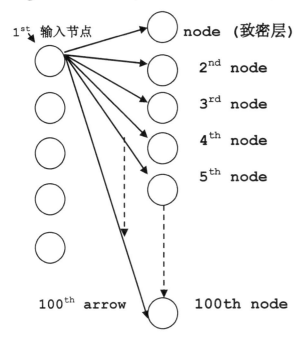

5个输入节点中的每一个都有100
个分支（箭头）或连接，因此每个输入节点都可以向密集层中的100
个节点中的每一个节点贡献数据。在我们的图中，我们只看到第一个输入节点的分

支，但实际上每个输入节点都会有100个分支。一旦5
个输入节点中的每个数字到达100
个密集层节点中的每一个，它们就会乘以一个称为权重的特定值。然后，将此乘法

的结果插入位于密集层中每个节点的称为激活函数的公式中。在训练过程中，每个权重的值将发生变化，以便网络的输出与 Y_train 数组中的值匹配或接近。

激活函数以及何时使用每种类型

下面我回顾一下 tensorflow
库中可用的部分激活函数，以及一些关于何时使用它们的建议。回想一下，在前面代码的第 3 行中，我们从 tensorflow
库中导入了激活函数。在我们的示例中，我们在第 13、15 和 17 行使用了 relu
激活函数。但您应该进行研究并查看可用的激活函数，以了解哪些函数适用于哪些情况。接下来列出的并不是详尽的列表。还有其他您应该探索的。我将向您展示下面描述的每个激活函数的代码，并告诉您何时适合使用它们。这样，例如，您可以使用它来替换代码第 15 行中的 relu
激活函数（model.add(Dense(50,activation='relu'))，或者在另一个神经网络中使用它，具体取决于您正在构建的模型类型以及网络将提供的输出类型。

下图和公式中可以看到 sigmoid 函数的输出。在 Python 代码中，它被写为 sigmoid。

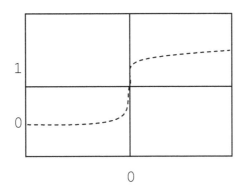

$$Y = 1/(1+e^{-x})$$

从图中可以看出，S 型函数只能等于从 0 到 1（包括 0 和 1）的值。

何时使用 Sigmoid 激活函数？

- 当网络的输出值预计在 0 到 1 之间时。当我们想要预测概率时，就是这种情况。

- 当网络的输出值明确预测为 0 或 1，或者非常接近 1 或 0 时。具有二进制输出（输出可以是 1 或 0）的神经网络就是这种情况。二进制输出的一些示例，其中输出可以是两种可能性之一：1 表示癌症，0 表示无癌症；1 表示是，0 表示否，等等。

接下来是如下所示的 Tanh/双曲正切激活函数。在 Python 代码中，它写为 tanh：

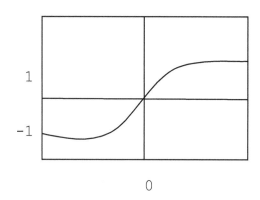

$$Y = 2/(1+e^{-2x}) - 1$$

何时使用 Tanh/双曲正切激活函数？

- 由于以零为中心，因此更容易对具有强负值、中性和强正值的输入进行建模。
- 由于范围从负一到正一，因此当我们预期网络输出为负值时使用。

接下来是如下所示的relu激活函数。在python中它写为relu：

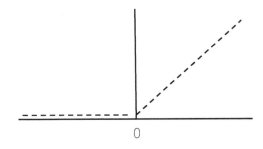

$$Y = \begin{cases} 最大限度(0,x), \text{ if } x >= 0 \\ \\ 0, \quad\quad 如果 \quad x< 0 \end{cases}$$

何时使用relu激活函数？

- 当预期输出为正数时
- 由于relu激活函数中只有线性关系，因此计算速度很快。

接下来是如下所示的"leaky"relu 激活函数。在 Python 中，代码写为 LeakyReLU（请注意，有些字母是大写的）：

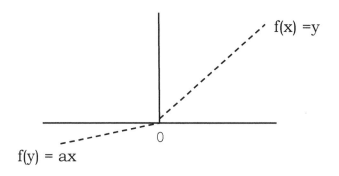

您会注意到，当 x 为负数时，y 等于 x 乘以一个常数。但是当 x 为正数时，y 等于 x。

$$Y = \begin{cases} Y, & \text{如果 } x > 0 \\ ax, & \text{如果 } x \leq 0 \quad \text{(通常 a 的值约为 0.01)} \end{cases}$$

何时使用 leaky relu 激活函数？

- 当您需要输出介于负无穷和正无穷之间的任意值时
- 当您希望利用 relu 函数的优势并扩大输出范围时。

接下来是下面显示的softmax激活函数。在python中它写为softmax：

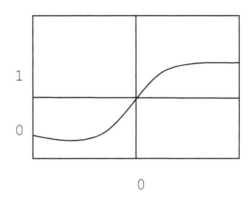

$$Y = e^{x} / \left(\sum_{j=1}^{k} e^{xj} \right)$$

何时使用softmax激活函数？

- 当网络的输出应从多个类别中选择一个类别时使用
- 通常用作神经网络的最后一个激活函数，以规范化网络的输出（将值重新调整为 0 到 1 的范围）
- 适用于输出神经元。通常 softmax
仅用于输出层。它用于需要将输入分类为多个类别之一的神经网络。

还有其他激活函数。创建神经网络时，最好对其进行研究和实验，进行更改并观察结果。

第3章

创建用于二进制输出分类的前馈人工神经网络

下一个神经网络将通过输入四个不同的独立变量（年龄、一周内抽的雪茄数量、体重和一天内吃的糖的盎司数）来预测患者是否会患上癌症。我在以下代码行中提供的数据纯属虚构，我创建它们只是为了教育目的。而且，提供的数据确实不足以训练一个好的神经网络。在我们的例子中，我只为十个不同的人提供了十组 X 变量（十个年龄、十个抽的雪茄数量、十个体重和十个吃的糖量）。您可以在下面看到这一点，您还会在我们后面的讨论中看到它：

	年龄	雪茄数量	重量	吃糖	癌症
0	20	2	120	2	0
1	25	0	200	5	0
2	50	20	270	8	1
3	30	40	180	1	1
4	65	15	175	9	1
5	18	0	150	3	0
6	40	1	200	8	1
7	45	30	230	7	1
8	50	10	189	9	1
9	18	0	175	3	0

因此，我只提供十个不同人的数据。为了训练一个能够预测患者患癌症的良好神经网络，我们需要数百甚至数千人的数据，因此我们将有比上面显示的十行更多的行。但为了便于教学，我只提供了十行数据。

网络的输出称为二进制，因为它只能是两个数字之一，"1"表示患癌症的患者，"0"表示未患癌症的患者。因此，在我们训练网络并使用名为"predict"的函数输入一组四个新变量后，我们将看到网络是否给出了"1"或"0"。

查看下面的完整代码，然后阅读本章后面每行代码的详细说明。我使用 Jupyter Notebook 运行此代码。我也在 Google Colab 中运行了代码，大部分代码都有效，但是，有一行代码将神经网络模型保存到您的计算机，但在 Google Colab 上不起作用。这是因为 Google Colab 是从云端运行的，而将文件从 Google Colab 保存到计算机的方式并不那么简单，需要额外的步骤。我建议先在 Jupyter Notebook 上运行代码，然后转到其他需要额外设置才能使用所需库的 IDE。例如，在 Spyder 和 Pycharm 中，您需要按照几个**步**骤导入所需的库，而在 Jupyter Notebook 中，您只需输入下面显示的前四行代码即可完成。请注意代码中的任何缩进，然后输入以下代码，就像在 Jupyter Notebook 中看到的那样。另外，请仔细阅读每个 # 符号后面的注释。

```
from keras.models import Sequential
from keras.layers import Dense
import numpy
import pandas as pd


# Create dataframe
dataframe = pd.DataFrame()
```

```python
#Add Columns
dataframe['Age']=[20,25,50,30,65,18,40,45,50,18]
dataframe['# of Cigars']=[2,0,20,40,15,0,1,30,10,0]
dataframe['Weight']=[120,200,270,180,175,150,200,230,189,\
175]
dataframe['Sugar Eaten']=[2,5,8,1,9,3,8,7,9,3]
dataframe['Cancer']=[0,0,1,1,1,0,1,1,1,0]


#split the data into (X) and (Y) variables, splitting the
#data

X = dataframe[['Age','# of Cigars','Weight','Sugar Eaten']]

Y = dataframe[['Cancer']]


#create model, add dense layers one by one specifying activ
ation
#function
model = Sequential()

#input layers
model.add(Dense(5, input_dim=4, activation='relu'))
#input of values for X


model.add(Dense(5, activation='relu'))
model.add(Dense(4, activation='relu'))
model.add(Dense(1, activation='sigmoid'))
#sigmoid for relu for final
#layer since final value is either 1 or 0

#compile the model, using adam gradient descent
model.compile(loss="binary_crossentropy", \
    optimizer="adam", metrics=['accuracy'])

# Divide the data into training and test sets
from sklearn.model_selection import train_test_split
X_train,X_test, Y_train, Y_test = train_test_split(X,Y,\
test_size=.20, random_state = 31)
```

```
#call the function to fit the data (training the network)
model.fit(X_train,Y_train, epochs = 1000, batch_size=2)

#evaluate the model
scores = model.evaluate(X_test,Y_test)
print('Percentage Accuracy:')
print(scores[1]*100)



# save the model
model.save('C:/AI/cancer_prediction')

# Use a two dimensional list to enter new data to make a
# prediction. It is two dimensional since there are double
# brackets on each side. That is to say there is one row
# with four columns(each number below represents a
# different column
New_Data = [[54,20,200,40]]


# Use the prediction function to predict cancer from the
# variables entered in the New_Data list
prediction = model.predict(New_Data)

# print the prediction
print(prediction)

#To load the model at a later date sometime in the future
#use this code

from tensorflow import keras
from keras.models import Sequential
model = keras.models.load_model('C:/AI/cancer_prediction')
```

解释每一行代码

```
1 from keras.models import Sequential
2 from keras.layers import Dense
3 import numpy
4 import pandas as pd
```

我们需要将特定的库导入到我们的程序中，以便使用某些函数来创建我们的模型，以预测某些变量是否会导致癌症。请记住，当我们创建这种类型的模型时，我们需要导入上面的库和函数。例如，我们需要从 keras
库中导入"Sequential"函数来创建神经网络。在您自己的自制代码中，您只需键入上面的代码即可导入这些所需的库和函数。在第 3 行中，我们导入 numpy
来分析我们的数据集并在我们稍后将看到的代码中创建下面的 DataFrame。

```
# Create dataframe
5 dataframe = pd.DataFrame()
```

第 5 行创建一个空的 DataFrame。DataFrame
包含数据的列和行。我将简要介绍一下这个 DataFrame
的外观，但首先我们需要以行和列的形式添加数据。

```
#Add Columns
6 dataframe['Age']=[20,25,50,30,65,18,40,45,50,18]
```

这里我们将名为"Age"的列添加到   DataFrame
中并为其分配值。请注意，这些值不一定按数字顺序排列。请记住这是一列。即使
您在将其添加到   DataFrame
时看到这条线是水平的，但它将是垂直的，如下所示：

Age (年龄)

20

25

50

30

65

18

40

45

50

18

```
7 dataframe['# of Cigars']=[2,0,20,40,15,0,1,30,10,0]
```

在第 7 行中，我们将名为"雪茄数量"的列添加到 DataFrame 中并为其分配值。代码行再次水平显示数字。但在我们的 DataFrame 中，它们将是垂直的。请记住，我们正在寻找导致癌症的因素。例如，"雪茄数量"可能是一周内吸食的雪茄数量。回想一下，这些数字纯属虚构，用于向您展示如何构建神经网络。请注意，这些列的名称是如何用引号括起来的，这在 Python 中是显示文本所必需的。

```
8 dataframe['Weight']=[120,200,270,180,175,150,200,230,\
  189,175]
```

这里我们将名为"体重"的列添加到 DataFrame
并为其分配值。这些是我们在研究中使用的十个人的体重。当然，为了创建有效的模型，它们必须全部以磅为单位或全部以公斤为单位。您不能混合公斤和磅来获得有效的模型。混合不会给出准确的预测。

```
9 dataframe['Sugar Eaten']= [2,5,8,1,9,3,8,7,9,3]
```

在第 9 行中，我们向 DataFrame 添加了名为"Sugar
Eaten'"的列并为其分配值。每个值可以代表一天中吃掉的平均盎司数。我也可以将这列命名为"一天中吃掉的平均盎司数"。但是为了简洁起见，我将此列的标题留短。请记住，为了创建一个好的模型，您必须对研究中的每个人使用相同的测量单位。例如，您不应该以盎司为单位来测量一个人的糖摄入量，而以克为单位来测量另一个人的糖消耗量。要么将所有值都设为克，要么将所有值都设为盎司。请记住，我们的目的是观察糖的增加是否会导致癌症。10 盎司大约是 283 克，所以如果我们的一些数量以盎司为单位，而其他的以克为单位，我们将不知道糖的摄入量是增加还是减少，模型也不会知道。

```
10 dataframe['Cancer']= [0,0,1,1,1,0,1,1,1,0]
```

在第 10 行中，我们将名为"Cancer"的列添加到 DataFrame
并为其分配值。此列将保存我们的因变量。这个变量告诉我们该人是否患有癌症，
"1"表示是，"0"表示否。

输入最后一行代码后，我们就构建了
DataFrame。请记住，当我们一起运行所有代码行时，我们仍然看不到
DataFrame。整个代码将创建一个 DataFrame 并使用该 DataFrame
构建一个二元模型，该模型旨在预测被诊断出患有癌症。一旦我们构建了
DataFrame，我们就不需要看到它了。我们只需构建它并在其余代码中使用它来构建神经网络。请记住，二元模型会给我们两个输出之一。在这个例子中，这将是
"1"表示癌症或"0"表示无癌症。

为了在构建 DataFrame
后真正看到它（通过输入上面的代码），我们只需输入"dataframe"，运行代码，
然后我们就会收到以下输出：

	Age	# of Cigars	Weight	Sugar Eaten	Cancer
0	20	2	120	2	0
1	25	0	200	5	0
2	50	20	270	8	1
3	30	40	180	1	1
4	65	15	175	9	1
5	18	0	150	3	0

上面的输出显示了 DataFrame
的前六行，但是，如果运行代码，您将看到所有十行。

请记住，您必须先输入构建 DataFrame
的所有前面的代码，然后才能使用代码或命令"dataframe"显示实际的
DataFrame。但是此代码（"dataframe"本身在一行上）未包含在上面的程序中
（请参阅本章开头的完整代码）。运行所有其他代码后，您可以在 Jupyter
Notebook 中输入并运行它，以查看 DataFrame 的样子。

您会注意到第一列实际上是从 0 到 5
的编号。虽然我们没有在代码中输入此列，但 python
将其放入以方便使用。这尤其有助于此示例，因为我们没有研究中的人的名字，因
此我们可以将他们称为"0 号人"或"1
号人"等。最后一列显示每个人是否被诊断出患有癌症。例如，让我们以"0
号人"为例。我们看到他/她的年龄是 20 岁，抽了两支雪茄，体重是 120
磅，每天吃的糖是 2 盎司。对于这个人，我们看到"癌症"列中的值为
0，因此他/她没有被诊断出患有癌症。因此，我们可以看到，每个癌症诊断都与
左侧前面的四个变量相对应。

```
#split the data into (X) and (Y) variables, splitting the
#data

11  X = dataframe[['Age','# of Cigars','Weight','Sugar\
```

```
   Eaten']]
```

这里，"#"符号后有一个注释行，解释接下来的两行代码。此注释行后面是第 11 行中将变量"'年龄"、"雪茄数量"、"体重"和"吃的糖"分配为不同的 X。尽管从上面的代码看来，所有这些变量都分配给了一个"X"，**但我们**实际上将它们分配给了单独的 X 变量，这些变量将用于查看它们对致癌的任何可能影响。这些 X **是我们的"因果"或"独立"变量**。我们将"X"命名为 DataFrame，**它由四个**变量的多行组成（类似于网格或电子表格）。请注意第 **11 行末尾的反斜杠**（"\"），**它允**许我们将代码继续到下一行。

```
12 Y = dataframe[['Cancer']]
```

第12行将"Cancer"列中的数字分配给Y变量。这是我们的因变量。它被称为"因变量"，因为它的值应该取决于 X 变量，这些变量是位于名为"X"的 DataFrame 中的变量："年龄"、"雪茄数量"、"体重"、"吃糖量"。

因此，在第 11 行和第 12 行中，我们有效地将名为"dataframe"（参见第 5 行至第 10 行）的 DataFrame 拆分为两个 DataFrame，分别称为 X 和 Y。X DataFrame 包含变量"年龄"、"雪茄数量"、"体重"、"吃糖量"的值。Y DataFrame 包含 X DataFrame 中**每行**对应的癌症诊断。请记住，DataFrame 中的**每一行代表一个人（一个虚构的人）**。

```
#create the model, add dense layers one by one specifying
# the activation function
13 model = Sequential()
```

第 13 行创建了一个神经网络模型；但是层的数量和类型尚未指定。在添加层之前，我们先创建一个通用神经网络模型。它被称为"顺序"模型，因为该模型将建立在多个层上，并将按顺序创建（参见第 2 章）。

```
#input layers
14 model.add(Dense(5, input_dim=4, activation='relu'))
```

第 14
行添加了一个"密集"层。"密集"意味着该层的每个输入节点都将连接到前一层的每
个节点（而不仅仅是连接到前一层的一个节点）。如下图 3.1
所示。请注意图中第二层神经元（由 5
个神经元组成）中的每个神经元如何连接到前一层中的每个神经元。它之前的层是
输入层或第一层，由 4 个神经元组成。

Figure 3.1

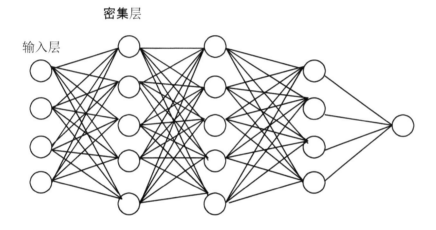

代码"input_dim=4"创建输入层（第一层有 4
个神经元）。这是有道理的，因为我们输入 4 个不同的 X
变量来预测癌症。四个变量中的每一个都将被输入到图 3.1
中第一层中看到的四个节点中。之前
在该代码中，我们看到"Dense(5)"。这意味着下一层将有 5
个神经元，您可以在图 3.1
中看到。从图中连接各层节点/神经元的复杂线结构，您可以看到该层被称为"密集
"的原因。

创建用于二进制输出分类的前馈人工神经网络

当数据进入每个节点时，会执行一个复杂的操作，然后将其推送到下一层中的节点。当您希望最终输出为"0"或"1"时，使用代码"activation='relu'"，这正是我们在模型中想要的，因为如果该人患有癌症，模型将输出"1"，如果该人没有癌症，则输出"0"。请记住，除了"relu"之外，还有其他函数可用于其他情况和类型的神经网络。有些可能比其他表现更好。请参阅第 2 章末尾对其中一些的简要总结。

```
15 model.add(Dense(5, activation='relu'))
```

在第 15 行中，我们为神经网络添加了另一层。这次该层有 5
个节点。您可以在图 3.1
中看到这是第三层。我们再次将其指定为"密集"，因为此层中的每个节点都将连接到下一层中的每个节点。我们再次使用 relu
函数，因为该函数用于给出最终输出或 1 或 0，这正是我们想要的。

```
16 model.add(Dense(4, activation='relu'))
```

在第 16 行中，我们为神经网络添加了另一层。这次该层有 4
个节点。您可以在上图 3.1
中看到这是第四层。我们再次将其指定为"密集"，因为此层中的每个节点都将连接到下一层中的每个节点。我们再次使用 relu 函数。

```
17 model.add(Dense(1, activation='sigmoid'))
#sigmoid for relu for the final
#layer since final value is either 1 or 0
```

在第 17 行中，我们将最后一层添加到我们的神经网络中。这次该层有 1
个节点。您可以在图 3.1
中看到这是第五层也是最后一层。我们再次将其指定为"密集"，因为此层中的每个节点都连接到前一层中的每个节点。这次我们使用"S 型"函数。我们使用 S

型函数的原因是 S 型函数将值映射到 0 到 1 之间的某个位置（包括 0 和 1），这在我们的模型中分别表示没有癌症或有癌症。

```
#compile the model, adam gradient descent (optimized)
18 model.compile(loss="binary_crossentropy", optimizer=\
   "adam", metrics=['accuracy'])
```

此行将使程序能够将预测与实际值进行比较，并得出错误数字。然后，模型将努力减少该错误。"binary_crossentropy"是在我们有二进制输出时使用的损失函数，这意味着输出有两种可能的结果（在我们的例子中是0或
1）。这个损失函数告诉你模型的预测有多错误。Adam
是一种优化算法，用于根据我们输入模型的数据更新权重/参数。
行："metrics=['accuracy'])"使模型能够通过将预测与实际Y
值进行比较来计算所有预测的准确率。例如，如果我们使用我们的模型来预测
DataFrame 第一行中的个体是否会患癌症，并且我们的模型对 Y 变量的预测为
0.8，那么我们就知道准确率很差，因为实际上第一个人没有患癌症，值为"0"。请
注意，以单词"metrics"开头的行是缩进的。当一行代码太长而需要溢出到下一行
时，您可以添加反斜杠"\"并继续下一行。

```
# Divide the data into training and test sets
19 from sklearn.model_selection import train_test_split
20 X_train,X_test, Y_train, Y_test = train_test_split(X,Y,\
   test_size=.20, random_state = 31)
```

第 19 行从 sklearn 库导入名为 train_test_split 的函数。我们将在第 20
行使用它。我们通常在代码开头导入项目，但是为了清晰起见，我将其放在这里。

第 20 行使用 train_test_split 函数将数据分为训练集和测试集。X DataFrame
中有十行，Y DataFrame 中有十个数字（1或
0）。我们希望使用其中一些数据来训练模型，然后我们希望使用其中的一些数据

来测试模型的准确性。因此，我们将数据分为训练数据集和测试数据集。我们不能使用来自X

的全部数据来训练和测试模型，因为当我们测试它时，我们总是会得到100%的准确率。由于当我们输入来自 X 的数据时，模型将被创建为预测Y

数据集中的正确数字（1 或 0），因此当我们再次输入来自X的数据（这次是为了测试模型）时，我们将从 Y 数据集中收到正确的数字（1 或0）。我们需要从 X DataFrame

中获取一定数量的行，这些行不用于训练模型，而是用于测试模型。这些测试数据从未输入到模型中。这就是创建神经网络的全部意义所在。我们希望用它来预测新数据的结果，而不是我们知道谁得了癌症的数据（过去已知的数据，即我们的训练集）。总而言之，DataFrame 中名为"X"的某些行数据将用于训练模型（以及DataFrame 中名为"Y"的某些条目）。DataFrame

中名为"X"的某些行数据将用于测试模型（以及 DataFrame

中名为"Y"的某些条目）。请记住，神经网络的训练方式如下：X_train

DataFrame 的**每一行代表一个患癌症或未患癌症的人。每一行（由** 4个变量组成）都输入到网络中，当网络中的所有计算完成后，会输出一个数字。这个数字可以是 0 到 1 之间的任意值。例如，它可以是 .2 或 1 甚至.8。这个数字与Y-trainDataFrame

中与该特定人相对应的数字进行比较（它可能是0或

1，因为我们知道此人是否患有癌症）。如果两个数字之间存在差异，网络将更改权重的值（参见第 1 章），以使差异最小化。我们将这种差异称为误差。对X_train DataFrame 中的所有行重**复此**过程。当输入了 DataFrame的所有行后，该过程重复，X_train DataFrame

的行再次输入网络。所有行进入网络的次数

通过网络的训练被称为 epoch，您将看到这将在代码的后面指定。

第 20 行的 train_test_split 函数返回四个DataFrames：X_train、Y_train、X_test 和 Y_test。X_train 和 Y_train将用于训练，X_test 和 Y_test 将用于测试训练模型的准确性。

test_size=.20 告诉我们 X 和 Y 的 20% 将用于测试数据帧（X_test 和 Y_test），因此其余部分（80%）将用于训练数据帧（X_train和 Y_train）。这意味着如果 X 总共有 10 行数据（如我们之前所见），则将使用 2 行来测试模型的准确性。因此，例如，如果输入这两行的输出与Y_test DataFrame中的相应值不匹配，则模型的测试准确率将为 0%。另一方面，如果输入这两行的输出与Y_testDataFrame 中的相应值匹配，则该模型的测试准确率将为 100%。

下一个参数 random_state = 31 使我们能够重现 train_test_split 的结果。

参数 random_state 基本上用于在**每次运行代码**时重现相同的结果。如果您在 train_test_split中不使用random_state 作为参数，则每次运行进行拆分的代码时，您可能会得到一组不同的训练和测试数据。您可能希望包含 random_state，以便通过每次运行代码时使用相同的训练和测试数据向其他人显示相同的结果。

```
#call the function to fit the data (training the network)
21 model.fit(X_train,Y_train, epochs = 1000, batch_size=2)
```

第21行显示了用于训练网络的代码。当我说"训练"时，第21 行实际上正在改变权重的值，使得 X_train 中的数据在输入网络时将输出 Y_train 中的数据。epoch 数为 1000。这意味着位于名为 X_train 的 DataFrame 中的整个数据集将被输入网络 1000 次，以训练网络。批处理大小为 2 意味着**每次来自** X_train DataFrame 的 2 个样本通过网络时，网络的权重都会更新。在我们的例子中，每个样本都是 DataFrame 的一行，

由四个数字条目组成：年龄、雪茄数量、体重和吃过的糖。因此，如果批处理大小为 2，则在将 2 行数据输入网络后，网络的权重会更新。有关更新神经网络权重的过程的详细讨论，请参阅第一章。还请记住，每一行代表不同的人。

```
#evaluate the model
22 scores = model.evaluate(X_test,Y_test)
```

```
23 print('Percentage Accuracy:')
24 print(scores[1]*100)
```

第 22 行访问模型中的"evaluate"**函数**，该函数使用括号中的 pandas DataFrames X_test 和 Y_test 作为参数。evaluate **函数返回一个** python **列表**。python
中的列表是一种可以包含不同数据类型的数据结构。在这个例子中，返回的"列表"
只是两个数字的列表：损失和模型的指标值（我们在第18
行看到的是"准确度"）。这意味着将返回模型准确预测的简单百分比。当从
X_test DataFrame输入一行的输出为我们提供位于Y_test
中的正确对应值（根据该人是否被诊断出患有癌症，为1或
0）时，就会发生准确的预测。损失是输出值与正确输出"应该"值之间的差值。例
如，如果 X_test **中某一行的**输出为 .9，**而我们从** Y_test **知道它**应该是
1，**那么我**们的损失就是 1 **与** .9 **或** .1 之间的差值。

我们可以通过运行以下代码来查看此列表：print(scores)。**在** Spyder IDE **中，我们可以在第** 22 **行之后**输入此代码来查看实际列表。您可以在 Spyder **中运行这一**行代码，方法是突出显示它并从**"运行"**菜单中选择**"运行当前行的选择"**，**或者您也可以突出**显示这一行代码并按键盘上的 F9。**在** Jupyter Notebook **中，运行整个代码后，您可以在另一个单元格中**输入"print(scores)"，**然后**转到名为"单元格"**的菜单并选择**"运行单元格"。这将仅运行您单击的单元格，该单元格将以绿色突出显示。

我收到了此输出：[3.566719442460453e-06, 1.0]。请记住，如果您不想，在 Spyder **中您不必运行所有代码**行。您只需突出显示要运行的每一行代码并按照所述步骤操作即可。同样，在 Jupyter Notebook **中，您可以将每行代码或一组代码行输入到单独的单元格中，并单独运行每个单元格。这通常会帮助您更好地理解代码，而不是运行整个代码并让所有这些输出以闪电般的速度一次在屏幕上向您射出。只需记住按顺序从头到尾运行代码的每个部分或行。

第 23 行将简单地打印出文本字符串"'Percentage Accuracy"。请注意，在代码中，我们使用单引号将我们希望在屏幕上打印出来的文本括起来。

第 24 行给出了列表中名为 scores 的"1"索引中的数字，并将其乘以 100，以便我们可以将准确度显示为百分比。分数列表中的准确度值是小数形式，因此需要乘以 100 才能将其表示为百分比。请注意，准确度位于"1"索引中，即列表中的第二位。在分数列表的"0"或零索引中，我们有一个表示模型损失的数字，您之前可以看到，当我运行代码时，这个数字非常小。请记住，列表、数组、DataFrames 等数据结构的索引从零开始，而不是从一开始。

```
# save the model
25 model.save('C:/AI/cancer_prediction')
```

第 25 行将模型保存在指定的路径中。在我的例子中，我指定了位于 C 盘中名为"AI"的文件夹中名为"cancer_prediction"的文件夹。

当我运行第 21 行时，我收到以下输出：

```
Epoch 1/1000
6/6 [==============================] - 0s 64ms/step - loss:
2.9151 - accuracy: 0.5000
Epoch 2/1000
6/6 [==============================] - 0s 480us/step -
loss: 2.8218 - accuracy: 0.5000
Epoch 3/1000
6/6 [==============================] - 0s 816us/step -
loss: 2.7404 - accuracy: 0.5000
Epoch 4/1000
```

创建用于二进制输出分类的前馈人工神经网络

```
6/6 [==============================] - 0s 846us/step -
loss: 2.6833 - accuracy: 0.5000
Epoch 5/1000
6/6 [==============================] - 0s 942us/step -
loss: 2.6252 - accuracy: 0.5000
Epoch 6/1000
6/6 [==============================] - 0s 771us/step -
loss: 2.5643 - accuracy: 0.5000
Epoch 7/1000

.

.

.

6/6 [==============================] - 0s 338us/step -
loss: 0.1995 - accuracy: 1.0000
Epoch 994/1000
6/6 [==============================] - 0s 310us/step -
loss: 0.1993 - accuracy: 1.0000
Epoch 995/1000
6/6 [==============================] - 0s 354us/step -
loss: 0.1991 - accuracy: 1.0000
Epoch 996/1000
6/6 [==============================] - 0s 357us/step -
loss: 0.1990 - accuracy: 1.0000
Epoch 997/1000
6/6 [==============================] - 0s 413us/step -
loss: 0.1987 - accuracy: 1.0000
Epoch 998/1000
6/6 [==============================] - 0s 391us/step -
loss: 0.1985 - accuracy: 1.0000
Epoch 999/1000
6/6 [==============================] - 0s 409us/step -
loss: 0.1984 - accuracy: 1.0000
Epoch 1000/1000
6/6 [==============================] - 0s 293us/step -
loss: 0.1982 - accuracy: 1.0000
6/6 [==============================] - 0s 6ms/step

accuracy: 100.00%
```

准确度是完美的，但是，请记住，为了训练一个成功的模型（一个能够成功预测不同类型新数据的结果的模型），您需要数百甚至数千个庞大的训练集，而不是我在这里使用的八个样本。

```
# Use a two dimensional list to enter new data to make a
# prediction. It is two dimensional since there are double
# brackets on each side. That is to say there is one row
# with four columns(each number below represents a
# different column)
26 New_Data = [[20,20,150,2]]
```

在第 26
行，我创建了一个列表，其中包含新人（我们不知道他/她是否被诊断出患有癌症）的年龄、抽过的雪茄数量、体重和平均摄入的糖量。此列表代表一个新人（未出现在训练或测试数据集中的人）。我将把这个列表输入到网络中，以接收一个预测作为输出，该预测将表明这个新人是否患有癌症（或将被诊断出患有癌症）。我将使用下面第 27 行的"预测"函数来执行此操作。阅读第 26
行上方的注释，它们很好地解释了列表的数据结构。

```
# Use the prediction function to predict cancer from the
# variables entered in the list called New_Data
27 prediction = model.predict(New_Data)
```

这 *predict* (预测) 函数将名为 New_Data
的列表作为参数，并返回一个数字作为输出。如果我们看到返回的数字是"1"，我们将预测患者患有癌症（或将患上癌症）；如果返回的数字是"0"，那么我们将预测患者没有癌症（或不会患上癌症）。请注意，您可能会收到一个非"1"或"0"的数字。在这种情况下，您必须确定一个截止点，届时您将决定输出是否表示癌症。例如，您可以决定 .7 及以上表示癌症，低于 .7 表示无癌症。当我使用等于
[[20,20,150,2]] 的 New_Data 列表运行程序时，我收到的预测是

创建用于二进制输出分类的前馈人工神经网络

[[0.87366515]]。在这种情况下，年龄、体重和糖分含量可能有助于使预测远离癌症，但也许定期吸食 20 支雪茄才是导致输出更接近 1 而不是 0 的原因。

```
# print the prediction
28 print(prediction)
```

虽然第 27 行创建了一个预测，但直到第 28 行将其打印出来我们才能真正看到它。

我在下面添加了第 29 行和第 30 行，以向您展示如何在将来需要使用模型时加载它。例如，假设您用完电脑后将其关闭。然后一个月后，您需要再次使用它进行预测。您需要先使用下面的代码，然后才能使用模型的预测函数。
我们需要首先在第 29 行导入 keras，然后在第 30 行导入 Sequential 模型，因为这是我们之前保存的模型类型。然后我们在第 31 行使用 keras.models 中的 load_model 函数。我们保存模型的路径（回到第 26 行）用作括号中的参数。

```
#To load the model at a later date
29 from tensorflow import keras
30 from keras.models import Sequential

31 model=keras.models.load_model('C:/AI/cancer_prediction')
```

顺便说一句，如果你想知道代码中的某个项目是列表、DataFrame 还是其他类型的数据结构，可以使用代码：type( )。**只需在括号中插入**项目的名称并运行代码。输出将告诉您该项目的数据结构类型。此外，一个好主意是查看实际的数据结构，您可以使用 print( ) **命令来**执行此操作。只需在打印函数的括号中插入数据结构的名称，运行它，您将看到实际的列表、DataFrame **等作**为输出。

我还想强调代码中注释**的重要性**。**注释**不是用于制作神经网络的指令的一部分。它们只是描述代码的简要方式。请记住，注释以**"#"开头**。**"#"之后的任何内容都不是程序的指令**，**而是代码**的描述或解释。初学者或专业人士的 Python 代码应该始终有注释。此外，你应该养成在代码中添加注释的习惯，因为在你编写代码几个月后，你可能很难记住该特定代码的用途。此外，注释你的代码也是很好的，因为其他程序员可能需要阅读你的代码。如果你需要他们的帮助，或者你正在与一组程序员一起编写代码，描述代码行的用途将有助于他们阅读你的程序.

第四章

创建长短期记忆神经网络

我们的下一个项目将使用循环神经网络。RNN
处理连续的数据。例如，数据可以是每日股票价格列表、句子中按顺序排列的单词
或历史失业率数据。当某个时间步骤的数据取决于之前时间步骤的数据时，我们使
用 RNN。请注意我们在第 1 **章中描述的前**馈神经网络与图 4.1 **中所示的 RNN**
之间的架构差异。

Figure 4.1

前馈神经网络

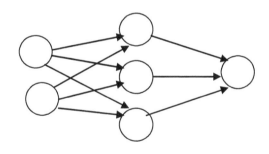

循环神经网络

输入层   隐藏层   输出层

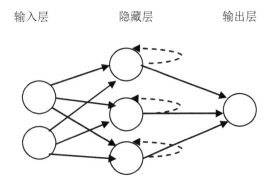

请注意，在循环神经网络中，隐藏层的输出会循环回来并再次进入隐藏层。如上图 4.1中的虚线箭头所示。RNN 需要让隐藏层的输出循环回来的原因在于，来自输出层的网络预测或最终输出基于 当前数据和历史/以前的数据。例如，预测股票价格时就是这种情况。股票的未来 价格可能取决于前一天的价格以及前一天股票的价格，或者前几天股票的价格。在 我们之前的前馈神经网络中，我们没有看到这种循环过程。所有数据都直接通过网 络"前馈"。

下一个程序是一种称为 LSTM 的特殊类型的 RNN。长短期记忆网络 (LSTM) 能够记住比普通RNN更长的数据序列。LSTM 将数据分为短期记忆和长期记忆。通过这种方式，RNN 可以决定哪些数据是重要的，应该被记住，然后循环回网络以用于预测过程。该系 统还允许RNN 决定哪些数据不重要，因此应该被遗忘。这一切都是通过使用"门"来实现的，门可 以调节网络中的信息流。这使得 LSTM 能够使用长序列数据进行预测。

创建用于二进制输出分类的前馈人工神经网络

LSTM使用所谓的"时间步长"。时间步长是输入到LSTM
中的数据量，以便在网络的输出层接收输出/预测（或输出/预测）。例如，假设
今天是 2020 年 9 月 25 日，我们有一份过去 6 个月（或 128
天）内每个交易日的 Apple 股票价格清单，从 2020 年 3 月 27 日到 2020 年 9
月 25 日结束。我们可以使用 50 天增量的股票价格来预测第 51
天的股票价格（或尝试预测它；股票市场没有什么是确定的）。在这种情况下，我
们使用 50 个股票价格来预测第 51 天的股票价格（请记住，6 个月内有 128
个交易日，因为我们不包括股市休市的周末和假期）。

首先，我们需要使用50天一组的股票价格和第51
天的已知股票价格来训练模型。请仔细记下后面的日期。我们需要将 2020 年 3
月 27 日至 2020 年 6 月 8 日的股票价格输入 LSTM（以 50
个时间步长的块为单位），并将网络的输出（预测）与 2020 年 6 月 9
日的一只历史股票价格进行比较。然后，我们将下一个交易日 2020 年 3 月 30
日至 2020 年 6 月 9 日的股票价格输入 LSTM（另一组 50
个时间步长），并将输出与 2020 年 6 月 10
日的一只股票价格进行比较。然后，我们将 2020 年 3 月 31 日至 2020 年 6 月
10 日的股票价格输入 LSTM（另外 50 个时间步长），并将网络的输出与 2020
年 6 月 11 日的一只股票价格进行比较。然后，我们将 2020 年 4 月 1 日至
2020 年 6 月 11 日的股票价格输入 LSTM（50
个时间步长），并将网络的输出与 2020 年 6 月 12
日的一只股票价格进行比较。请注意，我们如何将50
个（交易）天的股票价格输入网络，获得输出/预测，然后将此预测（我们的因变
量）与第51
天的实际历史股票价格进行比较。如果预测与实际历史价格不符，网络将调整其权
重以提供与历史股票价格相匹配的输出。这就是我们训练模型的方式，看看是否可
以使用前 50 天的股票价格来预测某一天的股票价格。

这种类型的 LSTM 称为多对一，因为我们使用 50 个独立变量（50
个股票价格）来预测一个因变量

变量（第 51 天的股票价格）。**通**过执行上述程序，LSTM
会接收一定数量的变量（每次 50
个）来训练模型，以便它能够预测某一天的股票价格（使用前 50
天的股票价格）。每次输入 50 **个股票价格，代表** 50
个时间步骤。总而言之，我们每次向模型输入 50
个股票价格/时间步骤，并将输出与第 51
个实际历史股票价格进行匹配/**比较**，以训练我们的模型。我们将预测与实际股票
价格进行比较，如果有任何差异，我们会修改我们的网络，直到预测与实际历史股
票价格匹配/**或接近。乍一看**，预测已经发生的股票价格似乎毫无用处，但我们这
样做只是为了训练网络。我们的模型经过训练后，在我们输入前 50
天的股票价格后，它可以用来预测未来某一天的股票价格。

LSTM网络可以用来解决四类情况：

    1.
一对一序列：这是在模型中输入一个时间步骤（一次一个变量）以预测输出
层中的一个时间步骤（一个变量）。

    2.
一对多序列：这是在模型中输入一个时间步骤（一次一个变量）以预测输出
层中的多个时间步骤（多个变量/**数字**）。

    3.
多对一序列：这是在模型中输入多个时间步骤（**一次**输入多个变量/**数字**）
以预测输出层中的一个时间步骤（一个变量）。这是上面描述的模型，并在
本章的示例中显示。

    4.
多对多序列：这是在模型中输入多个时间步骤（一次输入多个变量/**数字**）
以预测输出层中的多个时间步骤（多个变量/**数字**）。

请记住，当我上面使用术语"许多"时，我的意思是"**多于一个**"。

创建用于二进制输出分类的前馈人工神经网络

以下是多对一LSTM

的示例。对于这个项目，您需要访问以下纳斯达克网站来检索股票价格：https://www.nasdaq.com/market-activity/stocks/aapl/historical

并在股票价格上方显示的选项卡上选择6

个月。然后，您必须单击股票价格图表右上角的"下载数据"，以便下载所谓的CSV文件并将其保存到您的桌面（或硬盘上的任何位置）。您需要为项目检索此数据。这就是为什么我在下一页显示的本章项目的代码中使用以下行的原因：

"all_apple_stock_data=pd.read_csv('C:/AI/apple/all_apple_stock_data.csv)." 您需要将该行替换为您在硬盘上保存数据的位置。

我使用了从 2020 年 3 月 27 日到 2020 年 9 月 25 日的六个月数据。当您下载6个月的文件时，日期可能不同，但程序仍可运行，或者您可以查找我使用的确切日期并将其保存为csv

文件。与前面的示例一样，我将展示整个代码，然后将其分解以解释每一行。

在这个例子中，你将使用前十天的苹果股票价格来预测某一天的苹果股票价格。通常我们会使用十多天的股票价格来预测股票价格。你可以使用前 50 天甚至 100 天的股票价格。但为了缩短计算机上的编译时间并更容易解释这个例子，我使用了10 天。回顾整个程序的流程，然后仔细阅读后面每一行代码的解释。

我在 Jupyter Notebook 中非常轻松地运行了以下代码。如果你在另一个 IDE中运行它，则需要遵循一定的流程来导入所需的库。Jupyter Notebook可以使用下面显示的导入语句轻松导入所需的库，因此我建议在尝试其他 IDE之前先在 Jupyter Notebook 中运行代码。

```
import matplotlib.pyplot as plt
```

```
import pandas as pd
import numpy as np


# make sure to use a "\" to continue to the next line
all_apple_stock_data = pd.read_csv('C:/AI/apple/\
all_apple_stock_data.csv')


#show the first 5 rows of the DataFrame
all_apple_stock_data.head()


# apple_open_price should equal only the column called "open"
apple_open_prices = all_apple_stock_data[['Open']].values


apple_open_prices
#If you receive an error message run the following code
#individually (without running the rest of the code) in order to
#see if there are spaces in your column named "open". If you see
#spaces, delete them in the original CSV file you saved on your
#computer. Use the backspace or delete button to delete the
#spaces

all_apple_stock_data.columns



from sklearn.preprocessing import MinMaxScaler
scaler = MinMaxScaler(feature_range = (0, 1))


apple_prices_scaled = scaler.fit_transform(apple_open_prices)
```

创建用于二进制输出分类的前馈人工神经网络

```
apple_prices_scaled
num_of_prices = len(apple_prices_scaled)


# Get the training and test sets from apple_prices_scaled
apple_price_features= []
apple_price_labels = []
for i in  range(10, (num_of_prices)):
    apple_price_features.append(apple_prices_scaled \
    [i-10:i, 0])
    apple_price_labels.append(apple_prices_scaled [i, 0])


x_train = np.array(apple_price_features[0:100])
y_train = np.array(apple_price_labels[0:100])


print(x_train.shape)
print(y_train.shape)


x_train = np.reshape(x_train, (x_train.shape[0],\
x_train.shape[1], 1))
print(x_train.shape)



x_test = np.array(apple_price_features[101: ])
y_test = np.array(apple_price_labels[101: ])



x_test = np.reshape(x_test, (x_test.shape[0], x_test.shape[1],\
1))
```

```
print(x_test.shape)


from tensorflow.keras.layers import Input, Dense, Dropout, LSTM
from tensorflow.keras.models import Model



input_layer = Input(shape = (x_train.shape[1], 1))
lstm1=LSTM(100,activation='relu',return_sequences=True)\
(input_layer)
drop1 = Dropout(0.1)(lstm1)
lstm2 = LSTM(120, activation='relu',
return_sequences=True)(drop1)
lstm3 = LSTM(80, activation='relu', return_sequences=True)(lstm2)
lstm4 = LSTM(50, activation='relu')(lstm3)
output_layer = Dense(1)(lstm4)
model = Model(input_layer, output_layer)
model.compile(optimizer='adam', loss='mse')


print(model.summary())


print(x_train.shape)
print(y_train.shape)
```

创建用于二进制输出分类的前馈人工神经网络

```
model_history = model.fit(x_train, y_train,  batch_size = 20,
epochs=100, validation_data=(x_test, y_test),verbose=1,)
```

```
y_pred =  model.predict(x_test)
```

```
print(y_pred.shape)
```

```
y_pred = scaler.inverse_transform(y_pred)
```

```
#Prints a numpy array of 16 stockprices predicted by the model
#which we will compare with actual stock prices on our graph
```

```
print(y_pred)
```

```
print(y_test.shape)
```

```
#a 2 D array is needed. y_test is in the form of a one D array.
#We need to reshape it to use it in the scaler.inverse_transform
#function
```

```
y_test = y_test.reshape(-1,1)
```

```
y_test = scaler.inverse_transform(y_test)
```

```
print(y_test)
```

```
plt.figure(figsize=(6,5))
```

```
plt.plot(y_test, color='red', label='Historical Apple Stock\
Price')

plt.plot(y_pred , color='green',label='Predicted Apple Stock\
Price')



plt.title('Apple Stock Prices')

plt.xlabel('Date')

plt.ylabel('Stock Price')

plt.legend()

plt.show()


#Predict the stock price from an array of ten new stock
#prices

new_array=np.array([142,141,140,143,144,146,148,149,149,\
148])


#need to convert it to a 2-D array in order to use
#scaler.fit_transform function below

new_array = new_array.reshape(-1, 1)


print(new_array)


print(new_array.shape)
```

```
#since the model was trained on scaled data we must scale
#new_array in order to enter it into the network

new_array_scaled = scaler.fit_transform(new_array)


#give the new array 3 dimensions in order to enter it into
#the network

new_array_scaled = np.reshape(new_array_scaled, (1,10,1))




print(new_array_scaled.shape)




print(new_array_scaled)


#Get the predicted stock price in scaled format

new_pred =  model.predict(new_array_scaled)




#Transform the scaled predicted stock price into unscaled
#regular format using the inverse_transform function

#from the scaler object

new_pred = scaler.inverse_transform(new_pred)




#use the asterisk to print the first and only element

#in the new_pred array without brackets
```

```
print('We predict the price of Apple stock will be:')
print(*new_pred[0])
```

解释每一行代码

理想情况下，**你**应该一次运行每一行代码或者一组代码（比如说五行代码），以便更好地理解每行代码的作用。在用于创建本章示例的 Spyder **集成开**发环境 (IDE) **中**，**你可以突出**显示每一行或一组行并按F9
键来运行它们。确保按顺序运行代码并且不要跳过任何代码行。阅读下面每行代码的解释时，请尽可能少地运行代码。如前所述，在 Jupyter Notebook **中**，**你可以在自己的**单元格中输入每一行代码，并通过单击单元格然后在"单元格"菜单中选择"运行单元格"**来运行位于**单元格中的每一行。

```
1 import matplotlib.pyplot as plt
2 import pandas as pd
3 import numpy as np
```

第 1 行从 matplotlib 库导入 pyplot。Matplotlib.pyplot 是一个函数集合，我们将使用它来绘制股票预测结果的图表。您将在下文中看到，我们需要这些函数来绘制我们的预测与Apple Inc. 的实际股价的图表。我们简称它为"plt"，您会注意到，在后面的一些代码中，我们将编写"plt"，然后编写一个点(.)
运算符来访问绘制图表所需的某个函数。这将在代码中进一步解释。

第 2 行导入 pandas 来对数据进行必要的处理。Pandas 是一个**开源** Python 包，广泛用于数据科学和数据分析/机器学习。我们导入pandas并将其命名为"pd"。您很快就会看到，我们将从pandas访问一个函数来导入一个包含 Apple 股票价格的文件。

第 3 行导入 numpy 来处理数组。Numpy是一个Python 包，其中包含用于科学计算和数据分析的函数。对于我们的程序，我们将使用它来处理数组。实际上，

这些数组是称为"numpy
数组"的特殊数组。我们将包简称为"np"。因此，**每次您在下面的代码中看到"np"**
时，您就知道我们正在访问来自 numpy 包的函数。

我们将在下面导入需要创建神经网络的其他包。包通常在代码的开头导入，但为了
更清晰起见，我将在下面使用它们的代码旁边导入一些包和函数.

```
# make sure to use a "\" to continue to the next line

4 all_apple_stock_data = pd.read_csv('C:/AI/apple/\

  all_apple_stock_data.csv')
```

请注意，在第 4 行之前有一个以"#"符号开头的注释。它只是提醒您，第 4
行末尾的反斜杠 (\) 运算符告诉我们该行代码在下一行继续。

第4行使用"pd"（如上所述，是pandas
的缩写）中的"read.csv"函数从您在括号内指定的计算机上的位置读取"CSV"文件
。CSV 文件或"逗号分隔值"文件是使用逗号分隔值的文本文件。我们告诉 python
将 CSV 文件读入我们的程序的原因是因为您需要从本章开头提到的网站下载
Apple 股票价格。这里再次是该网站：
https://www.nasdaq.com/market-activity/stocks/aapl/historical
当您从此网站下载时，它将采用 CSV 文件的形式。
您必须将其保存到计算机上的某个文件夹中，将文件命名为"all_apple_stock_dat
a.csv"，然后使用第 4 行的代码访问或读取文件。在第 4 行，您可以看到我将
Apple 股票价格数据保存在名为"apple"的文件夹中，该文件夹位于我计算机 C
盘上名为"AI"的文件夹中。当我从上面的网站下载它时，我将文件命名为"all_app
le_stock_data.csv"，您可以从第4
行的第一个条目中看到，当我将其读入程序时，我将文件命名为"all_apple_stock
_data"。我将其称为"all_apple_stock_data"的原因是因为它包含所有

上述纳斯达克网站的数据：日期、收盘价、交易量、最高价和最低价。但是，我们在创建模型时不需要所有这些变量。您很快就会看到我们如何摆脱其中一些变量。all_apple_stock_data 现在变成了所谓的"pandas DataFrame"。这是一种包含分为列和行的数据的数据结构。

```
#show the first 5 rows of the DataFrame
5 all_apple_stock_data.head()
```

Line 5 uses the "head" function of the DataFrame called "all_apple_stock_data" to show the first five rows of the DataFrame.

```
# apple_open_price should equal only the column called "open"
6 apple_open_prices = all_apple_stock_data[['Open']].values
```

在第 6 行中，我们删除了 DataFrame 中名为"all_apple_stock_data"的列，除了名为"Open"的列。因此，现在运行第 6 行的代码后，如果您让 Python 打印"all_apple_stock_data"，您将只看到一列较长的股票价格，这些价格是我们从纳斯达克网站下载的时间段内 Apple 每天的开盘价。此列是一个 numpy 数组。以下行不在代码中，但如果我们使用 numpy 中的 shape 函数并将其打印到屏幕上，我们可以看到数组的"形状"或维度，如下所示：

```
print(apple_open_prices.shape)
```

我收到了 (127, 1) 的形状，这意味着该数组由位于 1 列或 127 行和 1 列的 127 个价格组成。

如果您在运行第6行后收到错误，请按照我在下面的评论中给出的说明进行操作。您需要确保列名称中没有空格。如果您在运行第6行后收到错误，请单独运行下面的第7行，方法是突出显示它并按

F9（如果您使用的是　　　Spyder　　IDE）或运行单个单元格（如果您使用的是
Jupiter　　Notebook）。**您将看到您保存到计算机的原始**　　　　　　　　CSV
文件的列名称和逗号之间是否有空格。如果有，请删除空格。请记住，您需要从下
载到计算机的　CSV　**文件中**删除空格　　NASDQ网站。CSV　**文件**应在　excel
中打开，看起来像普通的　　　　　　　　　　　　　　　　　excel
文件，但如果您使用记事本打开它，您会看到它的数据以逗号分隔。此外，该文件
的文件扩展名为".csv"。

```
#If you receive an error message run the following code
#individually (without running the rest of the code) in order to
#see if there are spaces in your column named "open". If you see
#spaces, delete them in the original CSV file you saved on your
#computer. Use the backspace or delete button to delete the
#spaces

7 all_apple_stock_data.columns


8 from sklearn.preprocessing import MinMaxScaler
9 scaler = MinMaxScaler(feature_range = (0, 1))


10 apple_prices_scaled = scaler.fit_transform(apple_open_prices)


11 apple_prices_scaled
```

第　8　行显示我们正在**从**　sklearn.preprocessing　包导入　MinMaxScaler
函数。我们将在第 10 **行使用它**，并在第 9 行定义函数的范围。

在第9行，我们定义了一个MinMaxScaler
函数实例，以便它将缩放数据或转换数据，使其具有从　　　　0　　　　**到**　　　　1
范围内的值，我们将此实例命名为"scaler"。**它通**过以下方式实现此目的

定义feature_range

参数。该函数使用公式转换数据。我们希望股票价格（我们的数据）在 0 到 1 的范围内，是因为价格变化很大可能会扭曲模型拟合和模型学习过程，并**可能**产生所谓的偏差。例如，曾经非常高的股票价格（异常值）将创建一个在正常情况下无法准确预测股票价格的模型。这个异常值将影响模型的创建，使其无法做出准确的预测。因此，为了处理这个潜在的问题，即相对较少的股票价格会造成扭曲的模型，通常在模型拟合和模型创建之前使用MinMax缩放等规范化。通过将所有数据转换为0到1

的范围，就不会出现可能来自股票市场罕见事件的金额大幅**波**动。例如，2001 **年**9月11日**引**发的股市崩盘并不是周期性/频繁发生的事件，使用当时的极低股价来建立预测未来股价的模型是不准确的，因为 2001 **年** 9 **月** 11 **日的事件并不是周期性**发生的。

第 10 行创建一个名为 apple_prices_scaled **的** numpy 数组，其中包含 apple_open_prices 的价格，**但**这次它们将被缩放，每个价格的值都在 0 到 1 之间。我们需要使用 fit_transform() **函数（从** scaler 访问）在名为 apple_open_prices **的数**组中创建价格的转换版本。

第 11 行只是打印新数组中的价格。运行第 11 行时，您会看到所有价格都在 0 到 1 的范围内（也就是说没有价格会大于 1）。

现在我们需要决定使用哪些缩放的股票价格来训练我们的模型，以及使用哪些缩放的价格来测试我们的模型。在将数据划分为训练集和测试集之前，我们将首先获取训练集和测试集的特征（x变量值）和标签（y变量值）。因此，我们将获取所有特征并将它们放入名为apple_price_features

的列表中，然后获取所有标签并将它们放入名为apple_price_labels

的列表中。然后，我们将特征分为两组，即训练特征和测试特征。同样

标签已完成。我们将标签分为训练标签和测试标签。回想一下，训练特征和标签将用于训练模型并更新其权重，以便模型输出训练标签（或接近训练标签的值）。然

后，我们将使用测试特征，将它们输入到我们的模型中，并查看输出是否等于测试标签。如果它们都等于，那么我们的模型的准确率为 100%，**没有**损失。

我们从下面的第 13 **行开始**这个过程，我们创建一个名为 apple_price_features **的空列表，我们**将很快填充它。在我们将其分为训练组和测试组之前，此列表将包含所有特征或 x 变量值。在第 14 **行，我们**创建一个名为 apple_price_labels **的空列表，以**包含所有标签或 y 变量值，包括训练和测试。

在第12行，我们使用"len"**函数**检索名为apple_prices_scaled 的数组的长度。长度是数组中包含的价格数量，在我的示例中为 127。**我们将在第 15 行需要**这个数字。

在下面的第 15 行，我们有一个"for 循环"，**它从 10 到 126。为什么不是 127？您需要记住，在for**循环中，范围从显示的初始数字（10）**到比显示的最后一个数字小 1（即** 127）。**因此，比 127 小 1 就是 126。**现在所有缩进的行都将从 10 执行到 126（相当于 117 次）

```
12 num_of_prices = len(apple_prices_scaled)

# Get the training and test sets from apple_prices_scaled
13 apple_price_features= []
14 apple_price_labels = []
15 for i in  range(10, (num_of_prices)):
16    apple_price_features.append(apple_prices_scaled \
      [i-10:i, 0])
17    apple_price_labels.append(apple_prices_scaled [i, 0])
```

第 16 行将使用"append"**函数将** apple_prices_scaled **数组中的数字以 10 **为一组放入apple_price_features 列表中。第 16 行指出，apple_prices_scaled **中的缩放股票价格将以每次 10 个数字的形式输入到** apple_price_features

列表中。让我们一次分析一次循环的代码。在循环的第一遍中，i ＝ 10。然后，在第 16 行，代码 [i-10:i 表示 apple_prices_scaled 数组中从 0 到 9 的条目将放置在 apple_price_features 列表的第一个位置。它是 0 到 9 而不是 0 到 10，因为 append 函数包括 apple_prices_scaled 中从 0 索引到冒号 (:) 后的数字减一的所有股票价格，在我们的例子中是 10 减一，也就是9。apple_price_features列表的第一个位置称为 apple_price_features[0]。代码 [i-10:i表示 apple_prices_scaled 数组中从 0 到 9 的条目，因为在 for 循环的第一次循环中，当 i = 10 时，i 减 10 等于 0，i 等于 10。因此，在 for 循环的第一次循环中[i-10:i是相同的 0:10这意味着 apple_prices_scaled数组中的前10

个价格是：apple_prices_scaled[(0)]、apple_prices_scaled[(1)]、apple_prices_scaled[(2)]、apple_prices_scaled[(3)]………直到 apple_prices_scaled[(9)]。请记住，我们以[(9)]

结尾，因为索引比冒号后的数字小一，在我们的例子中是10。因此，10

个数字放在apple_price_features列表的第一个位置或 apple_price_features[0]。

在 for 循环的第二遍中，i = 11，因此 [i-10:i 实际上是 1:11。11 减 10 等于 1，i 等于 11。因此现在一组十个数字被放置在 apple_price_features[1] 的位置。这十个数字是apple_prices_scaled[(1)]，直到并包括 apple_prices_scaled[(10)]。

现在您可以看到 apple_price_features 列表的每个位置都有 10 个数字。因此，在 for 循环运行完成后，apple_price_features

将以列表的列表结束。或者我们可以将其视为组列表。每个组中都有10

个数字。当我使用代码让 python 打印 apple_price_features 列表中的 117 个组中的前三个时，它就是这样的"print(apple_price_features)"：

```
[array([0.62374194, 0.58167742, 0.66490323, 0.67858065,
0.57354839, 0.64916129, 0.6403871 , 0.71148387, 0.75148387,
0.70490323]),

array([0.58167742, 0.66490323, 0.67858065, 0.57354839,
0.64916129,0.6403871 , 0.71148387, 0.75148387, 0.70490323,
0.70296774]),
```

```
 array([0.66490323, 0.67858065, 0.57354839, 0.64916129,
0.6403871 ,0.71148387, 0.75148387, 0.70490323, 0.70296774,
0.77767742]),
```

您会注意到，上面三行中的每一行都包含十个数字。第一行称为
(apple_price_features[0])。**第二行称为** (apple_price_features[1])。**第三行称为**
(apple_price_features[2])，**依此类推。**

因此如果我运行代码： print(apple_price_features[0]),
我将收到以下输出：

```
[array([0.62374194, 0.58167742, 0.66490323, 0.67858065,
0.57354839, 0.64916129, 0.6403871 , 0.71148387, 0.75148387,
0.70490323])
```

请注意，这是上面显示的第一行。回想一下，我们之前说过 for 循环执行了 117
次。这就是为什么 apple_price_features 列表中有 117
个十组。如上面的输出所示，这些组中的每一组都可以称为数组，因此
apple_price_features **列表**实际上是一个数组列表。

在我们继续之前还有一点。您会注意到，在第 16 行中，**行末有一个零**：[i-10:i,
0])。**放入**这个零可确保 apple_price_features **是一个** numpy
数组列表，并且每个数组都在一个维度中。换句话说，我上面向您展示的每一行（
每个数组）都只有一个维度。当我说"**每个数**组都在一个维度中"时，您可以认为每
个数组都有十行，每行都有一个数字。因此，如果只有行而没有列，python
会将数组视为具有一个维度。因此，

apple_price_features**是一个一维**numpy
数组列表。我们将看到这些列表稍后会转换为多维numpy
数组，以便将它们输入到神经网络中。第　16　**行末尾的零**实际上是在告诉我们
apple_price_features **列表中的每个数组中都有零列。**

现在转到第　17　**行，我们会**看到此行也是缩进的，因此会在每次　　for
循环中执行。此行的作用是将apple_prices_scaled数组的值插入

apple_price_labels
列表。但这次每个索引只输入一个值，而不是十个（apple_price_features
的情况是十个）。

您可以看到，在 for 循环的第一次循环中，当 i 等于 10
时，apple_price_features
中的第一个条目将是十个数字（apple_prices_scaled[(0)]到
apple_prices_scaled[(9)]）。而apple_price_labels
的第一个条目只有一个数字。该数字将是 apple_prices_scaled[(10)]） 或名为
apple_prices_scaled
的数组中的第十一个价格。这是我们试图预测的第十天的股票价格。请记住，我们
从 0 开始，因此从 0 到 10 等于 10 是第十一个价格。

这很有意义，因为在本章开头我们提到我们将使用前十天的Apple
股票价格来预测第 11 天的价格。

总结一下，for 循环的每次传递都会将十个缩放的 Apple 股票价格输入到名为
apple_price_features的列表中，同时还将一个缩放的Apple
股票价格输入到名为apple_price_labels
的列表中（我们将与预测价格进行比较的价格）。经过一次传递后，apple_price
_features[0] 将包含十个数字，而 apple_price_labels[0]
将只包含一个数字。第二次传递后，apple_price_features[1] 将包含 10
个数字，而 apple_price_labels[1]
将仅包含一个数字。第三次传递后，apple_price_features[2] 将包含 10
个数字，而 apple_price_labels[2] 将仅包含一个数字。请注意，每个特征包含
10 个数字，而每个标签包含一个数字。在训练期间，我们将每个特征的 10
个数字输入神经网络，并调整

网络，这样输出将等于每个标签中的相应数字。您还会注意到第 17
行末尾有一个零，与 apple_price_features 列表类似，这个零告诉我们
apple_price_labels 是一个一维列表。为方便起见，下面再次打印了第 17 行。

```
17    apple_price_labels.append(apple_prices_scaled [i, 0])
```

创建用于二进制输出分类的前馈人工神经网络

下面的第 18 行从 apple_price_features 列表中取出前 100 个项目（0 到 99），并将它们放入名为 x_train 的 numpy 数组中。请记住，这 100 个项目中的每一项都是一组十个数字。因此，本质上，我们将 100 组十个数字放入名为 x_train 的 numpy 数组中。从 np（numpy 包的缩写）访问的数组函数实际上将 apple_price_features 列表中的前 100 个项目转换为名为 x_train 的 numpy 数组。请注意，这是前 100 个项目（从 0 到 99），因为最后一个数字 100 被省略了。此数组将用于训练我们的模型。

```
18 x_train = np.array(apple_price_features[0:100])
19 y_train = np.array(apple_price_labels[0:100])
```

类似地，第 19 行从 apple_price_labels 列表中取出前 100 个项目（0 到 99），并将它们放入名为 y_train 的 numpy 数组中。请记住，这 100 个项目中的每一项都是一个数字。当我们在程序的训练阶段输入来自 x_train 的数字集时，网络将调整其权重，以便输出等于这些数字。

```
20 print(x_train.shape)
21 print(y_train.shape)
```

运行第 20 行后，您将看到 x_train 是二维的。如果突出显示第 18 行并在 Spyder IDE 中按 F9，您将收到输出：(100, 10)。这意味着有 100 行和 10 列。这意味着 x_train 数组的每一行包含十个数字。

运行第 19 行时，您将收到 (100,) 作为输出。这意味着 y_train 数组只有一维，即 100 行（没有列）。这是有道理的，因为 y_train 数组中的每个条目只有一个数字，而不是像 x_train 那样有十个数字，后者有十列。

```
22 x_train = np.reshape(x_train, (x_train.shape[0],\
   x_train.shape[1], 1))
23 print(x_train.shape)
```

正如我们之前提到的，x_train
是二维的，但是我们需要让它具有三维才能将其输入到我们的模型中，因为这就是
keras 中 LSTM 神经网络的结构。我们通过第 22 **行来**实现这一点。x_train
被重塑。reshape 函数将   x_train
作为参数（括号中的第一个项），并在第一个维度中赋予它原始   x_train
在第一维（即 100）**中的形状**。然后在第二个维度中，它赋予   x_train
它在第二维中最初的形状，即   10。**然后第三个维度是   1**。**因此**，**当我们运行第**
23 **行时**，它会为我们在第   22 **行重塑后的   x_train   的新维度**。这些新维度是
(100, 10, 1)。**您可以将 x_train 中的数据**视为 100 个组，每个组内有 10 **行和 1**
列。**一列表示只有一种类型的变量或一个   x（股票价格）**。我们也可以将其视为
100个组，每个组内有10
个数字或时间步长（每行一个）和一列。如果运行以下代码，您将看到此数组的实
际样子：print(x_train).

我收到了以下输出。我将仅显示 100 **个组中的前两组：**

```
[[0.46670968]
 [0.43987097]
 [0.4356129 ]
 [0.41819355]
 [0.41122581]
 [0.40245161]
 [0.38619355]
```

创建用于二进制输出分类的前馈人工神经网络

[0.36412903]

[0.40012903]

[0.38825806]]

[[0.43987097]

[0.4356129]

[0.41819355]

[0.41122581]

[0.40245161]

[0.38619355]

[0.36412903]

[0.40012903]

[0.38825806]

[0.40206452]]

您还可以通过运行以下代码来显示前两组十个：

```
print(x_train[(0):(2)])
```

回想一下，处理数组时会忽略最后一个索引（2），**上面的代码会打印索引 0 中的组和索引 1 中的组。**


```
24 x_test = np.array(apple_price_features[101: ])
25 y_test = np.array(apple_price_labels[101: ])
```


在第 24 行，我们从 apple_price_features 列表中的条目创建了一个名为 x_test 的 numpy 数组，从 apple_price_features[101] 中的十个缩放股票价格开始，到 apple_price_features 列表最后一个条目中的十个数字组结束。如果冒号后没有数字（即 [101:]），则表示转到列表末尾。因此，x_test 数组将填充从索引 apple_price_features[101] 中的十个数字组到 apple_price_features

列表最后一个索引中的十个数字组的每一组十个数字。也就是说，apple_price_features 列表中的所有十个数字组都将从 apple_price_features[101] 开始插入到 x_test 数组中，直到列表末尾。

类似地，第 25 行显示，将通过输入列表 apple_price_labels 中从索引 101 开始的所有数字来创建一个名为 y_test 的数组。

x_test 和 y_test
将成为我们的测试集。回想一下，测试集将用于测试模型的准确性，我们很快就会看到。

```
26 x_test = np.reshape(x_test, (x_test.shape[0],\
   x_test.shape[1], 1))


27 print(x_test.shape)
```

正如在第   22
行中，我们需要将训练数据转换为三维数组，以便将其输入到我们即将构建的模型中，我们需要将   x_test   中的测试数据转换为三维数组。第   26
行完成了这一点。第 27 行打印出 x_test 的形状/尺寸。在此示例中，第 27

行的输出为 (16, 10, 1)。您可以将这些维度视为 16 个组，每个组在一列中有 10 行数字。如果我们使用代码 *print(x_test)* 我们将看到 16 个组，每个组 10 行 1 列。每个组将如下所示（这只是一个组）：


```
[[0.148     ]
 [0.16      ]
 [0.14309677]
 [0.14425806]
```

[0.13367742]

[0.11883871]

[0.11458065]

[0.10722581]

[0.11587097]

[0.12129032]]

现在我们可以构建我们的LSTM神经网络模型。

```
28 from tensorflow.keras.layers import Input, Dense, Dropout,\
   LSTM
29 from tensorflow.keras.models import Model
```

第28行从名为layer的类导入创建LSTM
所需的函数/类。请注意，通过使用点运算符，可以从 tensorflow 库访问 keras 库，从 keras 库访问 layer 类。层是 Keras 中神经网络的构建块。Keras 是 TensorFlow 库的接口。TensorFlow 是 Google 开发的开源库，其中包含深度学习应用程序/神经网络的代码。第 29 行导入 Model 类。Model 类将我们的神经网络各层分组为一个可训练的对象。

第 30 行到第 37 行展示了模型的架构。请注意，在第 30 行到第 37 行中，**每一行都通**过将前面的层的名称放在行尾来连接到前一行。例如，在第 31 行的末尾，您会在括号中看到"input_layer"，这是第 30 行中层的名称。这就是模型的各层连接起来形成一个网络的方式。

```
30 input_layer = Input(shape = (x_train.shape[1], 1))
31 lstm1=LSTM(100,activation='relu',return_sequences=True)\
   (input_layer)
32 drop1 = Dropout(0.1)(lstm1)
```

```
33 lstm2 = LSTM(120, activation='relu',\
   return_sequences=True)(drop1)

34 lstm3 = LSTM(80, activation='relu',\
   return_sequences=True)(lstm2)

35 lstm4 = LSTM(50, activation='relu')(lstm3)

36 output_layer = Dense(1)(lstm4)

37 model = Model(input_layer, output_layer)

38 model.compile(optimizer='adam', loss='mse')
```

第30行创建输入层。第30行使用我们在第28
行导入的"Input"函数创建输入层。第 30 行告诉我们输入的形状。第 30
行将输入的形状设置为 x_train.shape[1], 1。第一个参数 (x_train.shape[1])
等于 x_train 的第二个维度。回想一下，x_train 的维度是 (100, 10,
1)。我们在运行代码后收到了这些维度：print(x_train.shape)。第一个维度的大
小为100。第二个维度的大小为10，第三个维度的大小为
1。我们可以将第一个维度的大小称为
x_train.shape[0]，将第二个维度的大小称为 x_train.shape[1]。第 30
行告诉我们，输入层第二个维度的大小是

与x_train的第二维大小相同，输入的第三维大小为
1（括号中的最后一个数字）。因此，我们现在有了输入层的第二维和第三维大小
。但是输入层第一维的大小呢？Keras
忽略了第一维，即输入到网络中的组数或批量大小，因此在构建输入层时无需指定
它。批量大小将在训练期间指定，您很快就会看到。

回想一下，我之前说过，你可以将 x_train 中的数据视为 100 组，每组有 10 行
1 列（每只股票价格一行）。我们也可以将其视为 100 组，每组有 10
个数字（每行一个）和 1 列。因此 x_train 数组的维度为 (100, 10, 1)。在第 30
行构建的输入层中，无需指定组数，对于 x_train，其为维度 1 中的 100 或
x_train.shape[0]。

创建用于二进制输出分类的前馈人工神经网络

另外，请记住，在构建和训练模型后，您可以使用预测函数在输入一组前十天的过程后预测股票价格。由于我们在第 30

行创建的输入层中未指定第一个维度，因此您可以根据需要输入任意数量的十组股票价格。例如，如果您输入 3 组十个股票价格，则输出将是 3

个股票价格。每个股票价格将是输入到网络中的每组 **10 个价格的**预测。

总而言之，第 30

行创建了我们的神经网络的输入层。输入层将在一列下接收任意数量的 10

个股票价格组。因此，输入数据可能如下所示：

```
[[0.46670968]

 [0.43987097]

 [0.4356129 ]

 [0.41819355]

 [0.41122581]

 [0.40245161]

 [0.38619355]

 [0.36412903]

 [0.40012903]

 [0.38825806]]
```

```
[[0.43987097]

 [0.4356129 ]

 [0.41819355]

 [0.41122581]

 [0.40245161]

 [0.38619355]

 [0.36412903]
```

[0.40012903]

[0.38825806]

[0.40206452]]

您可以在上方看到输入数据是 2 组 10 个数据，但是您可以输入多于或少于 2 组 10个数据。第31行创建第一个长短期记忆层。LSTM 层由一组连接的记忆块组成。这些记忆块位于每个神经元内。每个块包含一个输入、输出、更新和遗忘门。这些"门"用于记住（和处理新的）多项数据（在我们的例子中是多支股票价格：具体来说是一组十支股票价格），因此它们将用于预测单个未来股票价格（每组十支输入股票价格预测一个股票价格）。第31行将层命名为"lstm1"，并为其提供100个神经元（您可以将其视为"LSTM"类的第一个参数）。然后它将激活函数指定为"relu"。激活函数帮助我们计算网络的输出。某些类型的激活函数会将"非线性"元素引入网络，例如 S 形激活函数，其结果为曲线：Y = 1/(1+e-x)。

有时，我们的网络输出不应该是线性的。也就是说，如果我们绘制输出，则图形看起来就像一种曲线

而不是直线。这些时候我们需要非线性激活函数。

第 31 行指定的"relu"激活函数具有优势。与其他激活函数相比，使用 ReLU 函数的一个优点是它可以很好地防止我们"过度训练"模型。也就是说，训练它，使其仅对训练数据而不是其他新数据（在我们的示例中为新股票价格）做出准确预测。

通过设置return_sequences=True，来自该层的输出的维度将与输入到该层的输入的维度相匹配。为了连接 LSTM 层，每个LSTM 层都必须输出一个三维数组，该数组将成为下一层输入。设置 return_sequences = True 即可实现这一点。然后我们看到一个反斜杠，这意味着代码在下一行继续。您会看到代码通过包含术语（input_layer）继续。通过包含这个术语，我们将输入层连接到我们在第 31 行创建的 lstm 层。

第 32 行创建一个 drop out 层并将其命名为"drop1"。括号内的 0.1 比率是要丢弃的输入单元的比例。第 2 章深入解释了 drop out

创建用于二进制输出分类的前馈人工神经网络

层。通过丢弃某些输入节点，它有助于防止与训练数据过度拟合。在第   32 行的末尾，我们看到代码：(lstm1)。包含此代码的目的是将我们在第   31 行创建的 lstm 层与我们在第 32 行创建的 dropout 层连接起来。

第   33   行使用等号右侧的   LSTM   类创建第二个   lstm 层，并将其命名为"lstm2"。在括号中，您可以看到第一个参数是"100"，这意味着该层包含   100   个神经元（有关神经网络中神经元的深入讨论，请参阅第   1 章）。再次，激活函数是"relu"和 return_sequences=True。然后我们在末尾看到 (drop1)。这将第 32 行创建的 dropout 层与我们在第 33 行创建的 lstm 层连接起来。

第34行又创建了另一个包含80个神经元的lstm 层，激活函数为"relu"，并且再次设置 return_sequences=True。通过将术语"lstm3"放在等号左侧，我们将该层命名为"lstm3"。
然后将术语 (lstm2) 放在连接第 33 行创建的 lstm 层和第 34 行创建的 lstm 层的行末。

第   35   行的工作方式类似。但现在我们有   50   个神经元，并且未提及 return_sequences，这意味着默认情况下它为false。它是 false，因为我们不需要此层的输出与层的输入具有相同的维度，因为我们在第 36 行创建的下一层是最后一层，它只返回一个数字。最后，您将在行末看到术语 (lstm3)，这意味着 lstm4 连接到 lstm3。

第 36 行显示最后一层（密集层），其名称为等号左侧的 output_layer。它包含 1个神经元，如括号中的数字1 所示。它有一个神经元，因为输出将是每组输入的十个数字（十天的股票价格）预测一个数字。我们根据过去十天的股票价格预测一个股票价格。我们还看到 (lstm4) 被放置在将此输出层连接到 lstm4 的末尾。

第37行使用Model类创建一个名为"model"的模型（等号左侧）。它以输入层和输出层作为参数。这两个层都连接到其间的所有其他层。第37

行实际上是从我们在第 30 行到第 36
行创建的所有层创建我们的模型，并将其命名为"model"。
第 38 行编译模型。这
*compile*通过点运算符（.）**从"模型"**访问的函数为模型设置优化器和损失函数。

优化器是用于调整神经网络权重并改变其值的算法。众所周知，adam
优化器在处理少量输入数据（如我们的示例中的数据）时效果很好。代码：loss='
mse'
将模型的损失函数设置为**"均方误差"**。**神**经网络的损失是预测误差。计算损失的方
法称为 "损失函数"。**均方**误差或"mse"**是真**实值与预测值平方差之和的平均值。
它只是一种测量或表达网络误差或显示神经网络准确度的方法。测量损失很重要，
因为损失的测量用于更新/调整网络中权重的值，以减少网络损失。

第39
行通过使用从模型访问的摘要函数打印出我们模型的结构或架构，该模型是名为"
Model"的类的一个实例（请注意，模型类以大写 **M 开**头），正如我们在第 37
行看到的那样。摘要函数以直观描述的方式打印出有关我们刚刚创建的网络的信息
。它提供有关网络/**模型的**层及其在模型中的顺序、每层的输出形状以及每层中的
参数（权重）数量的信息。

```
39 print(model.summary())
```

第   39
行使用从"模型"访问的摘要函数在方便的图表上打印层的形状和每层中的参数/权
重数量。当我运行第 39 **行的代码**时，我收到了图 4.2 **中的**图像。

Figure 4.2

```
Model: "model"

Layer (type)                 Output Shape             Param #
=================================================================
input_1 (InputLayer)         [(None, 10, 1)]          0

lstm (LSTM)                  (None, 10, 100)          40800

dropout (Dropout)            (None, 10, 100)          0

lstm_1 (LSTM)                (None, 10, 120)          106080

lstm_2 (LSTM)                (None, 10, 80)           64320

lstm_3 (LSTM)                (None, 50)               26200

dense (Dense)                (None, 1)                51
=================================================================
Total params: 237,451
Trainable params: 237,451
Non-trainable params: 0
```

```
40 print(x_train.shape)

41 print(y_train.shape)
```

我使用第 40 行的 print 函数打印出 x_train 的形状，只是为了检查它的形状是否适合我稍后将用来训练模型的 fit 函数。我收到的输出如下：(100, 10, 1)。这意味着 100 组数据，每组有 10 行和 1 列。这就是我想要的。如果您注意到图4.2 中的图表，输入层的形状为：[(None, 10,1)]。因此，x_train的形状与将接收x_train

中的数据作为输入的输入层的形状相匹配。但是，您会注意到输入层形状中的第一个值是"None"。**正如我之前解**释的那样，这是可以的，因为在 keras 中，**我**们从不指定输入层的第一个参数，因为我们不知道需要将多少组数据（或有时是几行数据）输入到模型/网络中。

当我运行第 41 **行的代码时，**我收到了 numpy **数**组 y_train **的形状。我收到以下**输出：(100,   )。**您可以将此形状**视为具有 100 **个条目的一维。**您也可以将其（更困难地）视为没有列的 100 **行数据。**这没问题，因为我们设计的网络将采用这种格式的标签（在本例中为 y_train**数**组）。回想一下，我将y_train **数**组中的每个股票价格称为标签，因为每个标签都对应于x_train **数**组中的一个条目（x_train **数**组中的每个条目都是一组十个股票价格）。在训练过程中，每组十个股票价格与 y_train **数**组中的一个股票价格匹配。

顺便说一句，在整个文章中，我提醒您在使用带有 Python **的** Spyder IDE 时，您可以选择一次运行每行代码或几行代码（当然按顺序）。您应该在运行本书中的项目时这样做。您只需突出显示以下行或行

键入要运行的代码并按F9键。您也可以在其他IDE **中一次运行每一行代**码。您应该一次运行每一行代码（或可能一次运行 3 **行代码**）的原因是，如果您一次运行整个代码（使用**"运行文件"**图标或在 Spyder **中按**

F5），输出将很快从您身边掠过，您将不会注意到输出的每个不同部分。这使得跟踪代码变得非常困难，甚至不可能。

创建用于二进制输出分类的前馈人工神经网络

```
42 model_history = model.fit(x_train, y_train,\
  batch_size = 20, epochs=100, validation_data=(x_test,\
  y_test),verbose=1,)
```

现在，我们的x_train数组和y_train
数组都已正确形状，我们可以使用它们来训练模型。请注意，在上面的第　42
行，我需要在每一行上使用反斜杠
(\)，因为代码会延伸到下一行。当您将此代码输入 Spyder IDE 或 Jupyter
Notebook 时，您不需要这样做，因为整个代码可以放在一行中。

第　42　行的　fit　方法（从　model　访问，该模型在第　37
行的"Model"类中创建）是使用后面括号中的前两个参数（即　x_train　和
y_train）训练模型的函数。批量大小是在更新神经网络权重之前输入的来自
x_train　的　10　组的数量。请记住，当我们输入来自　x_train
的数据时，神经网络会改变网络权重的值（参见第1
章），使得网络的最终输出等于　y_train中的值。换句话说，x
被乘以这些权重并放入激活函数中。这发生在网络的每一层。最后我们得到一个数
字，即预测的股票价格，这是输出层的输出。现在，如果批量大小为 3,

每次将来自 x_train 的 3 组十只股票价格输入网络时，最终输出都会与 y_train
中对应的每只股票价格进行比较。如果这些最终输出不等于　y_train
数组中相应索引的价格，则调整权重。然后再将三组十只股票价格输入网络，并将
最终输出与　y_train　数组中的下三只股票价格进行比较。如果该输出不等于
y_train 数组中的股票价格，则再次调整权重。这个过程一遍又一遍地发生，直到
x_train　中的所有十只股票价格组都输入网络。当来自　x_train
的所有十只股票价格组都输入网络时，这被称为"epoch"。这是括号中指示的下一
个参数。第42行显示epoch数为
100。我随意选择了这个。您应该尝试使用您的神经网络并更改此值。但请记住，
epoch的数量越多，训练模型所需的时间就越长。使用内存相对较低的计算机进行
一千次　epoch　训练将需要很长时间来训练您的网络。在将　x_train
中的所有数据输入网络一百次后，模型的训练就完成了。第　42
行还表明验证数据由 x_test 和 y_test 组成。回想一下，这是在使用 x_train 和

y_train
中的数据训练网络后，用来测试网络准确性的数据。您会注意到，当您运行第 42
行的代码时，每个 epoch **都会**显示使用测试数据计算的验证损失。

除了训练我们的网络之外，fit **方法**还返回所谓的"历史回调对象"。这个 python
对象包含并显示使用训练数据计算的连续损失列表以及使用测试数据计算的损失列
表。代码"verbose=1"**将**输出一个动画进度条以及每个epoch
的训练数据损失和从测试数据计算的损失。请记住，每次我们在训练期间更改权重
时，x_train **生成的**输出（或我们从网络获得的 y 输出）都会与 y_train
中的股票价格进行比较，差值就是损失。我们希望创建一个模型，显示损失的数值
较低，或者尽可能低。

设置 verbose = 0 **将不**显示任何输出。设置 verbose=2
将仅提及每个时期的次数以及每个时期的损失，并且不会像 verbose=1
那样出现"进度条"。

因此，在运行第 42 行后，我们的网络就得到了训练（在第 30 至 38
行创建网络后）。

在下一组代码行中，我们将构建一个图表，比较使用 x_test
数据预测的股票价格与实际发生并位于 y_test **数**组中的实际股票价格。

```
43 y_pred = model.predict(x_test)
44 print(y_pred.shape)
```

创建用于二进制输出分类的前馈人工神经网络

在第 43 行中，我们将使用 *"predict"* 从 model（它本身是 Model 类的一个实例）访问的函数。此函数输入括号内传递的数组中的数据（在本例中为 x_test），并对x_test 数组中每组十只股票价格的未来股价进行预测。它通过将每组十只股票价格输入到我们在第30行到第38 行构建的网络中来实现这一点，让数据通过整个网络并最终输出一个数字（我们的股票价格预测）。如果我们运行代码 print(x_test.shape)，您将收到输出：(16, 10, 1)。这意味着在 x_test 数组中有 16 组股票价格，每组有 10 个股票价格（或时间步骤）（它们都显示在 1 列中）。因此，当我们运行第 43 行的代码时，我们将收到 16 个预测（每组十只股票一个）。由于我们没有使用 print 函数，因此我们暂时看不到预测。

当我们运行第44 行时，我们将看到名为"y_pred"的数组的形状。我们将收到以下输出：(16, 1)。这告诉我们一行中有 16 个预测。

```
45 y_pred = scaler.inverse_transform(y_pred)
```

在打印出 16 个预测之前，我们想再做一件事。还记得我们在第 10 行缩放了所有苹果股票价格吗？这意味着如果我们打印出预测，它们将采用缩放格式，即微小的值。我们希望以"未缩放"的值接收预测，因此我们使用从缩放器类访问的 inverse_transform 函数。我们将 y_pred 作为括号中的参数传递，告诉我们的函数反转我们在第 10 行所做的缩放，并将未缩放（正常）价格输入到名为 y_pred 的 numpy 数组中，我们在等号左侧看到该数组。

```
#Prints a numpy array of 16 stock prices predicted by the
#model

46 print(y_pred)
```

第 46 行最终打印出前几天苹果股价的 16 个 10 组中的所有 16
个预测苹果股价。记住我们的目标。它是创建一个使用过去苹果股价预测未来苹果
股价的神经网络。

现在我们有了 16 个预测股价，我们需要 16
个对应日期的实际历史记录股价。它们位于 y_test 数组中。但首先我们将打印
y_test 的形状以查看它是否适合 inverse_transform
函数。请记住，我们仅"取消缩放"了 y_pred 数组中的股价。y_test
中的价格仍是缩放的，需要取消缩放。

```
47 print(y_test.shape)
```

当我们运行第 47 行的代码时，我们收到：(16,)。这意味着 y_test
是一个一维数组，其中包含 16 个股票价格（没有第二个参数/维度）。为了使用
inverse_transform 函数来"取消缩放"价格，我们需要将 y_test
设置为二维数组的形式。请记住，我们不会更改数据，我们只是通过添加第二个维
度来更改数据结构。在

换句话说，我们只是告诉 python 数据将有 16 行 1
列，但数组的实际条目不会改变。

```
#a 2 D array is needed. y_test is in the form of a one D array.
#We need to reshape it to use it in the scaler.inverse_transform
#function

48 y_test = y_test.reshape(-1,1)
```

第 48 行使用重塑函数。-1 告诉我们第 47
行输出的第一个参数（16）将保持不变。也就是说，我们将有 16
行。括号中的最后一个数字"1"告诉我们要添加一列。我们知道它告诉 Python
添加 1
列，因为"1"排在第二位。括号中的第一位表示行，第二位表示列。这不在代码中

创建用于二进制输出分类的前馈人工神经网络

，但是如果我们现在运行代码"print(y_test.shape)"，**我们将收到以下输出：(16,
1)。**

现在我们可以像在第 45 **行那**样使用 inverse_transform **函数，我们**在下面的第
49 **行中**执行的操作正是如此，将结果放入等号左侧名为 y_test **的新数**组中。

```
49 y_test = scaler.inverse_transform(y_test)
```

```
50 print(y_test)
```

第 50 行打印出历史上确实发生过的 **16 只股票价格。**

现在我们有了苹果股票的实际价格和预测价格，我们可以制作一个绘制两者的图表
，这样我们就可以看到差异，看看我们的预测是否接近实际价格。

```
50 plt.figure(figsize=(6,5))
51 plt.plot(y_test, color='red', label='Historical Apple\
   Stock Price')
52 plt.plot(y_pred , color='green',label='Predicted Apple\
   Stock Price')
```

第 50 行创建一个图形，其大小在内括号内表示。宽度是第一个数字
(6)，**高度是第二个数字** (5)。Matplotlib.org
官方网站指出这些数字以英寸为单位；但是，当您最终在 Spyder IDE **或**
Jupyter Notebook **中看到**图表时，您会注意到单位小于英寸。在第 51
行，我们使用从 plt 访问的绘图函数（它是 pyplot
库的缩写，正如我们在代码开头提**到的那**样）将 y_test
中的股票价格显示为一条颜色为红色的线，我们将这条线命名为"历史苹果股价"。
请记住，这条红线图将显示我们在代码中前面从 nasdaq.com
获得的市场中实际发生/观察到的股票价格。这些股票价格位于 y_test **数**组中。

第 52 行，我们使用从 plt

访问的绘图函数来显示我们使用神经网络预测的股票价格。它们位于 y_pred
数组中。我们将颜色设置为绿色，以将这些价格与实际价格（红色显示）区分开来
。我们将此行命名为"预测苹果股价"（ "Predicted Apple Stock Price."）。

```
53 plt.title('Apple Stock Prices')

54 plt.xlabel('Date')
```

第 53 行给整个图表加上标题**"苹果股票价格"**。第 54
行在显示图表时将标题打印到 x
轴。在我们的例子中，这些不是实际日期，而是从最早股票价格（1）**到最新股票
价格（16）的**顺序排列的数字，尽管图表只显示到 14 **的数字**，但该行最多显示
16。**第 55 行打印** y 轴的标题**"股票价格"**。**当括号**为空时，第 56
行默认在右上角打印出图例。我们可以通过在括号中添加代码来指定图例在图表上
的位置。例如，如果我们在括号中添加 loc='lower
left'，**我们**的图例将位于图表的左下部分。

```
55 plt.ylabel('Stock Price')

56 plt.legend()

57 plt.show()
```

现在，根据你用来运行 Python 代码的 IDE，第 57 行可能是也可能不是必要的。这就是为什么使用每章开头指定的 IDE 来运行每章中的代码很重要的原因。如果你像我一样在 Jupyter Notebook 中运行代码，则不需要第 57 行，因为当你运行第 50 行到第 56 行时，图表会自动显示。其他一些 IDE 可能需要第 54 行才能显示图表。我收到了图 4.3 中的以下输出。

在某些IDE 中，我注意到如果你完整地运行这个项目的整个代码（意味着你一次不运行一行或几行代码），第50到57 行可能不会运行，你也不会看到图表。在这种情况下，要么一次运行每一行代码（或每几行代码），要么在运行所有代码后运行第 50 到 57 行。您可能需要在 Jupyter Notebook 中单独运行这部分代码（第 50 行至第 57 行）。当您运行整个代码时（参见本章开头显示的完整代码），您可能会注意到 Jupyter Notebook 跳过了绘制图形。这就是为什么我认为最好的策略是按顺序一次运行代码的每个部分，正如我在整篇文章中反复提到的那样。

Figure 4.3

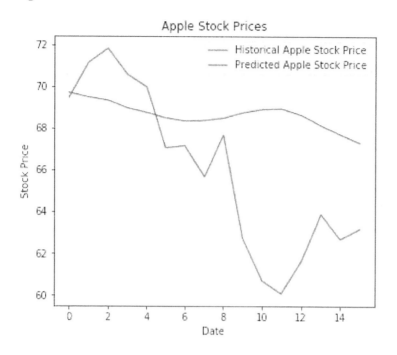

如您所见，直线（指定为绿色）上显示的预测价格与实际发生的历史价格（显示为红色的更弯曲的线）并不完全匹配。但是您必须记住，我只使用了 10 个过去的股票价格来预测每个未来的股票价格，如果我增加训练阶段的时期数（第 42行），结果也可能会更好。还有许多其他方法可以获得更好的结果。请参阅文本末尾的附录

A"如何改进神经网络"，了解可以获得更好结果的方法。我这样创建网络的原因是为了节省运行时间，并为了更好/更容易说明和教学目的。不要使用我的模型来预测股票价格。您可能希望通过增加用于进行预测的过去股票价格数量来进行实验。如果您这样做，您将需要更改代码，因为本章中构建的网络仅输入 10 个过去的股票价格以对第 11 天进行预测。

```
#Predict the stock price from an array of ten new stock
#prices
```

创建用于二进制输出分类的前馈人工神经网络

```
58 new_array=np.array([142,141,140,143,144,146,148,149,\
149,148])
```

现在，我们将尝试根据过去 10
个新的股票价格来预测苹果的股价。在这里，我们终于尝试使用模型做出一些新的有用的预测。到目前为止，我们一直在尝试预测已经发生的价格，以训练我们的模型。在第 58 行，我列出了我撰写本章时过去十天的十只股票价格。我不知道第 11 天的股票价格是多少，因为第 11 天还没有到来。我使用 np 中的数组函数创建一个 numpy 数组，并将此数组命名为"new_array"。

```
#need to convert it to a 2-D array in order to use
#scaler.fit_transform function in the code that follows
59 new_array = new_array.reshape(-1, 1)
```

如注释所示，我们需要重塑new_array，使其具有两个维度，以便使用 scaler.fit_transform函数。如果我们使用代码 print(new_array.shape)，我们会看到 new_array 的形状是一维 (10,)，有 10 个股票价格。"-1"表示保留 10 作为行数，括号中的 1 表示向数组添加 1 列。因此，运行第 59 行后，"new_array"的形状将为 (10,1)，这意味着一列中有 10 行股票价格（每行一个股票价格）。第 60 行的输出向我们展示了这一点。第 61 行的输出也证实了这一点，运行时它的形状为 (10,1)。

这个新成形的 new_array 被称为"new_array"，我们可以在第 59 行的等号左侧看到。

```
60 print(new_array)
```

```
61 print(new_array.shape)
```

回想一下，我们使用 scaler.fit_transform 函数来缩放股票价格。正如第 62 行之前的注释所述，我们的模型是用缩放数据构建的，因此为了做出准确的预测，我们需要将缩放数据输入其中。因此，我们需要缩放 new_array 中的 Apple 股票价格。所以我们调用fit_transform 函数来实现这一点。然后，我们将缩放后的股票价格放入一个名为 new_array_scaled 的新数组中，我们在等号左侧看到该数组。

```
#since the model was trained on scaled data we must scale
#new_array in order to enter it into the network
62 new_array_scaled = scaler.fit_transform(new_array)
```

new_array_scaled与其前身new_array 一样仍然是二维的。因此，我们需要为其添加一个维度，因为我们的网络只有在三维的情况下才会采用一组 10 个股票价格。这个事实纯粹是 keras 中网络输入层的构建方式。这就是我们在第 63 行所做的。我们使用从 np（这是我们对 numpy 库的昵称）访问的 reshape 函数，并赋予 new_array_scaled 形状 (1,10,1)。您可以将其视为 1 组 10 行 1 列（每行一个缩放的股票价格）。您可以通过运行第 64 行和第 65 行的代码来确认这一点。第 64 行给了我们新的形状，即 (1,10,1)，第 65 行打印出名为new_array_scaled 的数组，您可以看到它看起来就像我描述的那样：1 组 10 行 1 列（每行一个缩放的股票价格）。

```
#give the new array 3 dimensions in order to enter it into
#the network
63 new_array_scaled = np.reshape(new_array_scaled,\
   (1,10,1))
```

```
64 print(new_array_scaled.shape)
```

```
65 print(new_array_scaled)
```

第 66 行使用预测函数根据前 **10 天的股票价格**对第 11
天的股票价格进行预测。通过调用第 66 **行的此函数（从模型**对象访问）将来自
new_array_scaled
的十个缩放股票价格输入到神经网络模型中，并将其放入"new_pred"（**新**预测的
简称）。

```
#Get the predicted stock price in scaled format
66 new_pred =  model.predict(new_array_scaled)
```

尽管 new_pred
中只有一个数字（预测的股票价格经过缩放），**但它仍然是一个具有一行和一列的**
numpy **数**组。它的形状是
(1,1)。**我**们可以使用以下代码来确认这一点：print(new_pred.shape)。

预测的股票价格在数组中，但在我们看到它之前，我们应该使用
scaler.inverse_transform **函数将其**转换为未缩放的值。这正是我们在第 67
行所做的。

```
#Transform the scaled predicted stock price into
#unscaled/regular format using the inverse_transform
#function from the scaler object
67 new_pred = scaler.inverse_transform(new_pred)
```

最后在第 69 行，我们打印出未缩放的股票价格预测，但在此之前，我们使用第
68 **行打印以下文本：**

"We predict the price of Apple stock will be:"

"我们预测苹果股价将是："

```
#use the asterisk to print the first and only element
#in the new_pred array without brackets
68 print('We predict the price of Apple stock will be:')
69 print(*new_pred[0])
```

请注意，通过在   new_pred   前使用星号
(*)，我们可以去掉输出中的括号。尝试不带星号的代码，预测的股票价格将放在括号中。我不会告诉你预测结果。在你运行完所有代码后，我会留给你去查看。请注意，在括号中的第 69 行，new_pred 在括号中有一个零。这是因为我们告诉python   访问   new_pred
数组中的第一个元素。它是数组中第一个也是唯一的元素/数字。当我们处理数组时，第一个（也是唯一的）元素位于索引0而不是索引
1。通过在括号中放置零，我们要求python
打印一个值，而不是带括号的数组。如果我们省去带有零的括号，我们要求python打印出一个数组，它将是预测的数字，但这次它将显示在括号中。亲自试验并尝试各种变化。

第五章

创建卷积神经网络

到目前为止，我们已经看到了神经网络，其中代表数量的数字作为数据输入。现在我们将看到一种特殊类型的神经网络，称为卷积神经网络，它接受图像作为输入。当我们需要图像识别时，就会使用这些网络。但在讨论代码之前，了解　　CNN **如何**处理输入的图像数据很有用。

在　　　　　　　　　　　　　　　　　　　　　　　　　　　　　　　　　CNN **中，通常**输入图像，输出是图像所属的特定类。例如，假设我们有两个类别，"人"**和**"路标"，**我**们想知道图像属于哪个类别。如下图 5.1 **所示**：

Figure 5.1

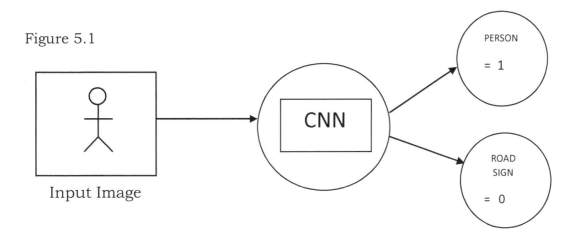

图5.1中的CNN
通过在与"人"对应的输出节点中输出"1"或在与"路标"对应的输出节点中输出"0"，
正确地将输入图像分类为人。

这是一个非常简单的例子。类别可以远不止两个，我们稍后将编码的示例有十个类别。

要了解网络如何对图像进行分类，我们首先需要知道一幅彩色图像由三个二维图像组成：一个代表红色，一个代表绿色，一个代表蓝色。这称为 RGB 模型。

Figure 5.2　*这 RGB 模型*

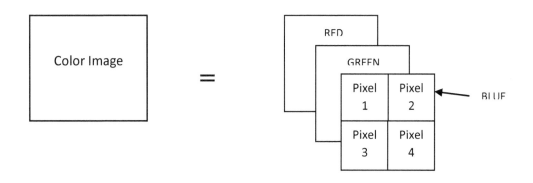

三种颜色的图像中的每一种都称为一个通道。因此，每幅彩色图像都由三个图像或通道表示。这就是为什么RGB
图像被称为三维图像的原因。这三种图像中的每一种都有2
个维度，既有行又有列像素（见图
5.2）。**灰度**图像只有二维数组，只有一个通道或一个层。

图像由像素表示。每个像素由三个值表示，范围从0到
255。**如果像素关**闭，则赋予其　0　值。如果像素完全打开，则赋予其　255
值。这三个值分别对应于红色、绿色和蓝色。因此，如果像素的值为 (255，120，
0)，则红色完全打开，绿色打开一半，蓝色完全关闭。

为了了解　　CNN如何处理图像，让我们看图5.3
中一张极其简单的鸟的灰度图像，其中只有一个通道。

Figure 5.3

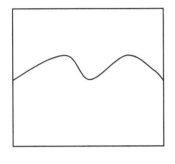 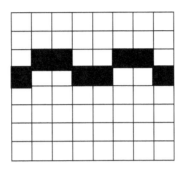

1	1	1	1	1	1	1	1
1	1	1	1	1	1	1	1
1	0	0	1	1	0	0	1
0	1	1	0	0	1	1	0
1	1	1	1	1	1	1	1
1	1	1	1	1	1	1	1
1	1	1	1	1	1	1	1
1	1	1	1	1	1	1	1

灰度图像的像素值是整数，范围从　　　　0（**黑色或关**闭）到
255（**白色或打开**）。在图　5.3　中，为了简单起见，我们不会为白色像素输入
255，而是输入"1"，而为黑色像素输入"0"。

现在我们将研究将图像输入CNN
的步骤。它们是特征检测/**卷**积、最大池化、将数据展平为一维数组，最后将此数
组输入 CNN。

特征检测/卷积

在此步骤中，网络将所谓的特征检测器应用于输入到网络的图像。特征检测器充当
图像的过滤器。该过程如图 5.4 **所示**。

Figure 5.4

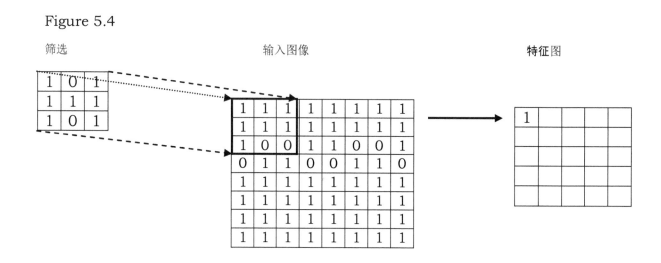

筛选 | 输入图像 | 特征图

从输入图像的左上部分开始，过滤器检查匹配的零数。在输入图像的右上部分，只有一个零与过滤器匹配。这是位于 3 X 3 过滤器的第二列和第三行的零。没有其他零与输入图像右上 3 X 3 部分的位置匹配。请记住，输入图像网格的每个小方块都是一个像素，对于我们的示例，每个像素的值要么是 0，**要么是 1。**

由于输入图像右上部分的一个零与过滤器相同位置（第3行，第2列）的零匹配，**因此我**们在特征图中添加一个"1"。这个1**表示一个匹配的零。接下来**，过滤器向右移动一列，如图 5.5 所示。

Figure 5.5

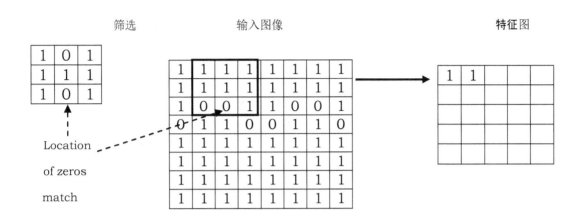

由于还有另一个匹配项，因此将数字 1

输入到特征图中。然后该过程继续，直到输入图像的所有像素都经过过滤并检查是否为零。覆盖整个输入图像后，另一个（不同的）过滤器将经历相同的过程。这样我们最终就有了多个特征图。这组特征图称为卷积层，图 5.6

中演示了（一个简单的示例）。

请注意，我们正在处理的图像是灰度的，因此我们只处理一个层。如果这是彩色图像，我们需要处理 3

个层（一个用于红色，一个用于绿色，一个用于蓝色）。我们将在本章中创建的程序涉及彩色图像，因此我们需要处理 3 个层。

Figure 5.6

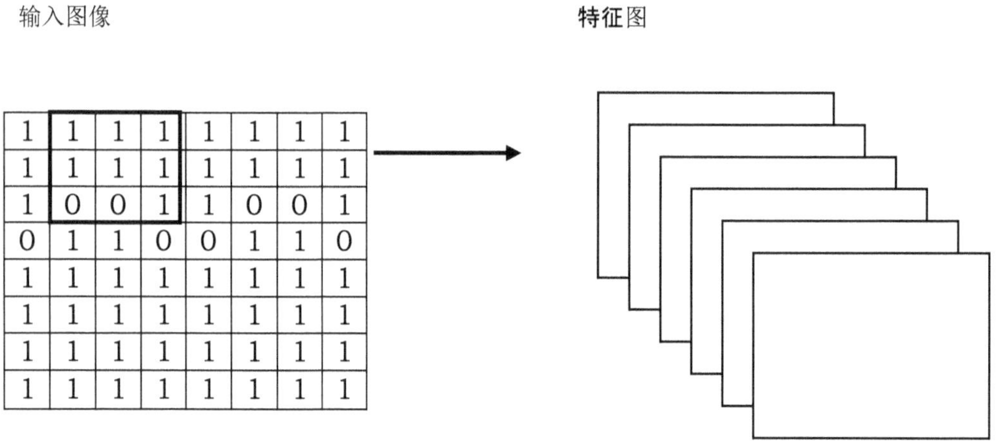

输入图像 特征图

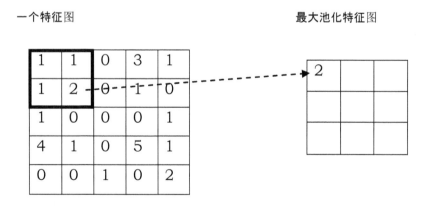

最大池化

在此步骤中，我们希望减小特征图的大小。此步骤的目的还在于使图像即使倾斜、拉伸或旋转也能被识别。在最大池化中，每个特征图都用于创建另一个较小的特征图。这是通过检查原始特征图的每个部分并将观察到的最高数字插入到新特征图中来完成的，如图 5.7 **所示**。

一个特征图 **最大池化特征图**

Figure 5.7 "2" 是观察到的 2 X 2 部分中的最高数字。

请注意，在图 5.7 中，其中一个特征图的 2 X 2 部分中观察到的最大数字是"2"。因此，2 被输入到最大池化特征图中。接下来，2 X 2窗口向右滑动 2 列（在"特征检测/卷积"步骤中，它只滑动一列）。然后再次将最大数字输入到最大池化特征图中。此过程持续进行，直到覆盖整个特征图并覆盖所有特征图。结果是创建了一大堆最大池化特征图。

将数据展平为一维向量

在下一步中，所有最大池化特征图都从二维数组转换为一维数组。也就是说，所有最大池化特征图都转换为只有一个一维数组（而不是多个一维数组）。为此，我们取每个最大池化特征图并一次一行地剥离其值，如下图 5.8 所示。

Figure 5.8 从所有最大池化特征图中创建一个一维数组，每次创建一个图（生成一个 1 维数组）

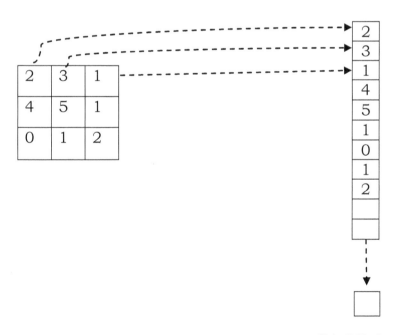

在图 5.8
中，我们可以看到一个最大池化特征图是如何一行一行地被剥离其值的。但是，有许多最大池化特征图，每个最大池化特征图的值都像图中一样被剥离，直到最后一个值输入到一维数组的最后一个索引中。所以最后所有这些最大池化特征图的所有数字都输入到一个数组中。

我们需要将最大池化特征图转换为一个一维数组的原因是我们的卷积神经网络只接受一维数组作为输入。最后你会注意到，尽管我们正在向 CNN 输入"图像"，但我们实际上输入的是一系列数字。

将一维数组输入 CNN

最后，我们将一维数组输入
CNN。这发生在输入层。一维数组有许多数字。例如，我们的一维数组可以有 200个数字。因此，我们需要一个有200
个神经元/节点的输入层。我们将在本章后面的Python
代码中看到，输入层中所需数量的神经元的创建是自动完成的，因此我们不必计算一维数组中有多少个数字，也不必在创建输入层时编码这个数量。在上面的例子中，我们讨论了一只鸟的灰度图像，其中图像是黑白的（像素完全打开（白色）或完全关闭（黑色））。在下面的 Python 代码中演示的示例中，我们将使用从 keras 网站（https://keras.io/api/datasets/）获取的 CIFAR10 数据集中的彩色图像。

请记住，对于彩色图像，每幅图像由 3
个层或通道组成，红色、绿色和蓝色。因此，这个过程必须在所有三个层上进行。在我们鸟图像的例子中，我们只有一个层。

创建用于二进制输出分类的前馈人工神经网络

最大池化 vs. 最小池化 vs. 平均池化

实际上，池化方法不止一种。在我们的示例中，我们选择了最大池化，但也有最小池化和平均池化。每种池化方法用于不同类型的输入。正如我们在最大池化中看到的，选择特征图每个部分的最大数字。在最小池化中，选择特征图每个部分的最小数字。在平均池化**中，返回特征**图每个部分所有数字的平均值。

最大池化从图像中选择较亮的像素。当图像的背景较暗且我们的图像由较亮的像素组成时，它通常很有用。

最小池化通常当图像的背景为白色且我们的图像由较暗的像素组成时很有用。因此，最小池化从图像中选择较暗的像素。

在上面的示例中，我们使用了最大池化。实际上，由于我们的鸟图像是黑色的，所以我们应该使用最小池化。我之所以使用最大池化，是因为本章的 Python 代码中显示的示例使用了最大池化，我想让您了解它的工作原理。另外，为了清晰起见，最好将图像设置为黑色，背景为白色。

平均池化方法可平滑输入图像的特征。如果您希望网络识别出尖锐的特征，则在使用平均池化时可能无法识别它们，因此在这种情况下请使用最大池化或最小池化。

使用 Python 创建 CNN

卷积神经网络 (CNN) 将图像文件作为输入，并可能输出数字、二元分类类型（1或 0）或多分类类型（类型 1、类型 2、类型 3 等）。

假设我们想通过输入汽车图片来预测汽车的近似值。在这种情况下，网络将输出一个数字（汽车的近似值）。CNN 的二进制输出示例是将不同野生动物的图片输入网络，我们的输出将是"1"，表示"原产于北美"，或"0"，表示"非原产于北美"。

CNN 的多分类类型输出示例是将花朵图片输入网络，输出将告诉我们输入属于哪一种，比如说 3 种不同类型的花朵。例如，如果第一个输出节点是玫瑰，第二个输出节点是郁金香，第三个输出节点是雏菊，我们输入一张玫瑰的图片，我们的输出将是 1、0、0。

CNN 的用途几乎是无穷无尽的。它们可用于安全应用，以识别窃贼、对新植物或动物物种进行分类以及面部识别应用。

有时CNN将文本作为输入并对其进行分类。在我们的示例中，我们将构建一个以图像为输入的神经网络。具体来说，我们的输入数据将是彩色图像。每幅图像都属于 10 个类别之一（飞机、汽车、鸟、猫、鹿、狗、青蛙、马、船、卡车）。

在这个例子中，我们正在构建一个神经网络，它将对输入的彩色图像进行分类。所以这里我们有多个分类类型的输出。输出将是应用于 10 个类别中的每一个的 10 个数字。给出最高数字的类别将是预测。例如，如果我们输入彩色图像并收到以下输出：.5、.3、.1、.1、.1、.2、.3、.4、.1、.2，则神经网络将预测（或分类）我们的图像为飞机，因为上面列表中的第一个类别收到的最高数字是 .5，并且这个第一个类别对应于"飞机"。在我们的网络中，我们将在输出层使用一个称为 softmax 函数的激活函数。 softmax 激活函数输出 0 到 1 之间的概率分布。所以从上面的例子中你可以看到，第一个类别（飞机）的概率最高，为 50%。

完整地查看下面代码的流程，然后阅读后面每行代码的解释。我建议您先在 Jupyter Notebook 中运行该程序，然后测试其他 IDE，因为代码将在 Jupyter Notebook

中按原样运行，而无需采取进一步的步骤来导入库。另请注意，根据您的计算机处理器，与任何 IDE 一样，Jupyter Notebook

可能需要相对较长的时间来运行代码，因此如果您没有快速看到结果，请不要担心。

```python
import tensorflow as tf
from tensorflow.keras import layers, models
import matplotlib.pyplot as plt
from keras.datasets import cifar10


(X_train, Y_train), (X_test, Y_test) = cifar10.load_data()

# Transform pixel values to be between 0 and 1
X_train, X_test = X_train/255.0, X_test/255.0


# The first layer will have 50 filters. The filter size is 2 X 2

# Max pooling is then used to reduce the spatial dimensions of

#  the output volume on the next line.

CNN_model = models.Sequential()
CNN_model.add(layers.Conv2D(50, (2, 2), activation='relu',\
input_shape=(32, 32, 3)))
CNN_model.add(layers.MaxPooling2D((3, 3)))
CNN_model.add(layers.Flatten())
CNN_model.add(layers.Dense(50, activation='relu'))
CNN_model.add(layers.Dropout(.1))
CNN_model.add(layers.Dense(10, activation='softmax'))
```

```
optimizer = tf.optimizers.Adam(learning_rate = .005)

CNN_model.compile(optimizer=optimizer,

          loss=tf.keras.losses.SparseCategoricalCrossentropy
          (from_logits=False),metrics=['accuracy'])

history = CNN_model.fit(X_train, Y_train, epochs=5,
          validation_data=( X_test, Y_test))
```

```
#Evaluate the model

plt.plot(history.history['accuracy'], label='accuracy')
plt.plot(history.history['val_accuracy'], label = 'val_accuracy')
plt.xlabel('Epoch')
plt.ylabel('Accuracy')
plt.ylim([0.5, 1])
plt.legend(loc='upper left')
test_loss, test_acc = CNN_model.evaluate(X_test,  Y_test,\
verbose=2)
print(test_acc)
```

```
#show model's structure

CNN_model.summary()
```

```
#create an array that predicts what the category of each image
#from the test_image array and then print out the prediction for
#the 10th image. (predictions[9]) refers to the
```

```
#10th image since #the #index of an array in python starts with 0.
```

```
predictions = CNN_model.predict(X_test)
tenth_prediction = (predictions[9])
print(tenth_prediction)
```

```
#The output from the code above consists of probability
#distributions between zero and
#one.
```

```python
import numpy as np

#print out the index of the array which contains the highest
#probability distribution
prediction = (np.argmax(predictions[9]))
print(prediction)



#The index with the highest number will be the
#predicted output.
#The indexes of our input data are as follows:

#  0  airplane
#  1  automobile
#  2  bird
#  3  cat
#  4  deer
#  5  dog
#  6  frog
#  7  horse
#  8  ship
#  9  truck

#so if the returned index is 0, then the CNN categorized the
#inputted  image as an "airplane"

plt.figure()
plt.imshow(X_test[9])
plt.colorbar()
plt.grid(False)
plt.show()
```

解释每一行代码

```
1 import tensorflow as tf
2 from tensorflow.keras import layers, models
3 import matplotlib.pyplot as plt
4 from keras.datasets import cifar10
```

第 1 行导入 tensorflow 库。此库包含创建卷积神经网络所需的代码。**第 2 行**导入两个用于创建 CNN 的模块，称为"层"和"模型"。在 Python 中，模块是一个包含Python
定义和语句的文件。通过导入这**些**模块，我们可以省去输入大量Python
代码的麻烦。模块可以定义函数、类和变量。

第 3 行从 matplotlib 导入 pyplot 库。当您在 Python **中看到句点运算符** (.)
时，这意味着您正在从对象访问函数或数据。**Python**
中的所有内容都被视为对象。对象可以引用变量、函数、列表和各种数据结构。在计算机编程中，一般来说，对象是从特定类或子类派生的示例。然后，此对象可以访问该类的函数或方法。我们还可以使用点运算符从其他库访问库。在第 3
行中，我们从matplotlib库访问 pyplot
库。此库用于创建二维图形，稍后您将在代码中看到它。我们将库命名为"plt"，
因为当我们需要该库时，在代码中重复写入会更方便。

创建用于二进制输出分类的前馈人工神经网络

第 4 行导入将用于训练和测试 CNN

的输入数据。请记住，为了创建神经网络，我们需要输入一堆已知数据，以便可以更新权重，使网络的输出与先前已知的量相匹配。对于此示例，我们试图训练 CNN

正确地将图像分类为以下之一：飞机、汽车、鸟、猫、鹿、狗、青蛙、马、船、卡车。因此，第 4

行导入训练图像及其已知类别。例如，如果我们将一组我们知道是卡车的图像（我们的 **X 或独立**变量）输入网络，并将这些图像与类别"卡车"（**我**们的 Y

或因变量）匹配，那么网络将调整其权重，以便当我们输入不同卡车的新图像时，我们也会收到将图像分类为"**卡车**"**的**输出。这个过程针对其余 9

个类别中的图像进行，这样我们就拥有了一个

CNN，**它不**仅能够对训练数据进行分类，而且有望对我们输入的任何新图像进行分类。

Cifar10 **是一个包含** 50,000 张 32x32 **彩色**训练图像和 10,000

张测试图像的数据集。这些图像中的每一个都被标记为 10

个类别之一。这些就是我之前描述的十个类别。

```
5 (X_train, Y_train), (X_test, Y_test) = cifar10.load_data()
```

第   5
行的代码将训练数据/图像插入到名为"X_train"的数组中。代码还将这些图像的类别插入到名为Y_train

的数组中。请记住，这是"已知"数据。我使用术语"已知"是因为我们知道 X_train 中**每幅**图像的类别。这些类别被插入到 Y_train 中，当我们将 X_train 和 Y_train 输入 CNN 时，我们会训练 CNN 进行正确分类。

代码还将测试图像插入到 X_test 中，并将**每幅**测试图像的类别插入到 Y_test 中。我们将使用数据 X_test 和 Y_test 来"测试"我们的 CNN，并在使用 X_train 和 Y_train 数据训练它之后查看它的准确度。换句话说，在我们创建 CNN 并对其进行训练之后，我们想看看我们是否很好地训练了它。为了做到这一点，我们使用不在 X_train 数组中的图像来测试 CNN。我们用来测试 CNN 的图像将位于 X_test 数组中。

在等号的右边，我们可以看到 cifar10.load_data()。回想一下，我们在代码的第 4 行导入了 cifar10。这就是我们的训练和测试数据的来源，我们使用点 (.) 运算符来访问load_data()函数。此函数将数据带入我们的程序。它基本上下载了一个包含数据集的文件。数据集在输入到我们的程序之前就已经分为训练数据和测试数据。load_data() 函数来自 cifar10 模块，因此如果我们在程序中不使用 cifar10 模块，我们就无法访问该函数。因此，此程序中的代码仅在我们处理 cifar10 中的图像时才有用。在本章的最后，我将向您展示另一个 CNN 项目的代码，您可以在其中加载自己的图像。有关cifar10 数据集的更多信息，请参阅以下官方keras 网站：https://keras.io/api/datasets/cifar10/

我们可以创建一个简单的"for 循环"来查看 X_train 数组中的前 10 张图像。运行整个程序后尝试运行此循环。在运行整个程序之前，请勿将其包含在此CNN示例的代码中。您可以在所有其他代码的底部某处输入它，同样，在您运行上述整个程序后。输入以下内容：

```
for x in range(0, 10):
 plt.imshow(X_train[x])
 plt.show()
```

上面的代码运行一个称为"for 循环"的结构。实际情况是，第一行下面的两行运行了十次。换句话说，x **从** 0 **迭代到** 9（0 到 9 总共是 10 次）。**在** python **的** for 循环中，x 将从 0 变为比括号中显示的最后一个数字少 1，**即** 10 - 1 **或** 9。代码将显示 X_train **数组中的前十张图像**（X_train[0]、X_train[1]、X_train[2]... X_train[9]）。**运行代码后，**您可以看到每个图像都是 32 X 32 **像素，正如我们前面提到的。**在上面的第二行中，您可以看到 pyplot 库（"plt"）**正在使用点运算符** (.) **来**访问"imshow"函数。**我们需要这个函数来告诉**python**将数据**显示为图像。如果我们不使用该函数，而是输入并运行以下代码：print(X_train[0])，**我们将看不到图片。我们将看到图像的缩放像素值，它是一组数字。我们将从上到下看到 32 组数字，每组都有 32 **行数字**输入

分成 3 列。32 X 32 是我们前面提到的像素数，3 列代表 RGB 的 3 个层。请记住，这些是彩色图像，因此每个图像都有三个层（RGB = 一个红色层、一个绿色层、一个蓝色层）。我之前提到过，当我们运行代码 print(X_train[0])时，我们将看到缩放的像素值。我们很快就会看到如何以及为什

么缩放值。请记住，在运行代码 print(X_train[0])

之前，请确保运行整个程序，然后键入 print(X_train[0]) 并运行它。如果您使用 GoogleColab（我也强烈推荐它在本章中运行代码）以便将代码与其余代码分开运行，请突出显示它，然后转到"运行时"菜单。然后选择"运行选择"。您可以在程序末尾键入额外的代码片段，然后再次运行整个程序，但这将花费额外的时间。

我们很幸运能够使用cifar10

数据，因为它已经分为训练集和测试集，所以我们的训练和测试数据集分别属于 X_train/Y_train 和 X_test/Y_test。

如果您想创建另一个程序并使用另一组图像，则需要使用以下代码中显示的名为 "train test split"的函数：

```
from sklearn.model_selection import train_test_split
x_train, x_test, y_train, y_test = train_test_split(x, y,\
test_size=0.10)
```

首先，您需要通过 model_selection 包从 sklearn 库导入函数 train_test_split。使用此函数时，您需要知道保存训练图像的数组的名称和保存类别的数组的名称。这显示为上面的 x 和 y。然后 test_size 将显示您希望用作测试集的 x 和 y 数据的百分比。在上面显示的情况下，10% 的数据用于测试 CNN 的准确性。完成此项目后，请参阅本章后面题为"将 CNN 应用于您自己的图像"的部分，以使用您自己的图像构建 CNN。

```
# Transform pixel values to be between 0 and 1
6  X_train, X_test = X_train/255.0, X_test/255.0
```

在第 6 行中，我们执行了所谓的"标准化"数据。第 6 行将所有数据设置为介于 0 和 1 之间（含 0 和 1）。请记住，X_train 和 X_test 数组中包含的数据是像素值，范围从 0 到 255。因此，将这些值除以 255

将得到从　　　0　　　到　　　1　　　的数字。如果像素的值是最高可能值，即255（完全打开），那么像第　6　行那样将其除以　255　将得到　X_train的新最高值，或　X_test　的新最高值　1。我们希望这些数组包含从　0　到　1的值有两个原因。第一个原因是，如果其中一个值与其他值相比较大，那么与其他较小的值相比，这个大值在训练网络时会变得非常有影响力，因此，神经网络的预测将不准确。第二个原因是数组中的值越高，计算时间就越长。然后我们还需要更多的内存。

```
7 CNN_model = models.Sequential()
```

在第　7　行中，我们创建了卷积神经网络的外壳。我们指定网络属于　Sequential类型。

回想一下，在第2行中，我们导入了名为"models"的模块。现在，我们使用它来创建 Sequential 类型的 CNN。我们使用点运算符从 models 模块访问 Sequential API（应用程序编程接口），第7
行指出这个新创建的模型的名称为"CNN_model"。Sequential
模型意味着我们正在逐层创建模型，正如我们将在下面的十行代码中看到的那样。还有其他更复杂的模型，例如暹罗网络和残差网络，这超出了本书的范围。

```
# The first layer will have 50 filters. The filter size is 2 X 2

# Max pooling is then used to reduce the spatial dimensions of

# the output volume on the next line.


8 CNN_model.add(layers.Conv2D(50, (2, 2),\
  activation='relu', input_shape=(32, 32, 3)))

9 CNN_model.add(layers.MaxPooling2D((3, 3)))
```

在第8
行中，我们创建了一个层，它将完成我们在本章开头描述的卷积过程。回想一下本章前几页的简单示例，我们对来自训练数据的每个输入图像的每个部分都使用了一个过滤器。在第8行中，我们使用了50
个过滤器。我们添加了一个从"层"模块访问的卷积层，称为 Conv2D。

conv2D
层中的过滤器具有高度和宽度，并且应该小于输入图像，以便我们可以在整个图像上移动。您可以在第 8 行看到过滤器是 2 乘 2。第 8
行还告诉我们，我们正在使用称为"relu"的激活函数。

ReLU 代表整流线性单元。与其他激活函数相比，在 CNN 中使用 ReLU
函数的主要优势在于它不会同时在所有神经元中激活。因此，某些神经元的权重不会更新。这有利于防止我们"过度训练"模型。当数据第二次和第三次通过网络直到达到 epoch 数时，之前未激活的神经元可能会被激活。

请注意，在第8行中，我们还指定了input_shape
变量。这当然是我们输入网络的数组的形状。如前所述，数组的形状是 32 x 32
像素矩阵。增加的维度3代表RGB所需的3 个层。因此，您可以将其视为输入红色
32 x 32 数组、绿色 32 x 32 数组和蓝色 32 x 32 数组。

在第9
行中，我们添加了一个最大池化层。您还记得，最大池化层将使用本章前面描述的"最大池化"方法降低特征图的大小。代码显示，我们正在将大小为 3 X 3
的窗口传递到第 8 行创建的特征图中，

卷积层来创建我们的池化特征图（请参阅本章开头对这些术语的解释）。

```
10 CNN_model.add(layers.Flatten())
11 CNN_model.add(layers.Dense(50, activation='relu'))
12 CNN_model.add(layers.Dropout(.1))
13 CNN_model.add(layers.Dense(10, activation='softmax'))
```

在第 10 行中，我们从层模块（从 tensorflow/keras 库导入）向我们的 CNN 模型添加了一个 Flatten 层。回想一下，转换图像的最后一步是将所有最大池化特征图转换为单个一维数组，然后输入到我们的 CNN 中。这就是我们运行第 10 行时发生的情况。

接下来在第 11 行中，我们添加一个包含 50 个神经元的 Dense 层，并在这 50 个神经元中的每一个中使用 relu 激活函数。在数据与包含 50 个神经元的密集层的权重相乘并通过relu函数在50 个神经元中的每一个中进行转换后，它会被转发到我们看到的第13 行构建的输出层。然而，在它到达那里之前，第 11 行创建的层中的 50 个神经元中的一些可能会因为第 12 行中的代码而"停用"。

在第 12 行中，我们添加了一个 Dropout 层。回想一下，dropout 层会随机将某些输入设置为 0。括号内是所谓的"速率"。速率表示在训练期间，每一步在其之前的层中丢弃的节点比例。这有助于防止对训练数据的过度拟合。此处指定的频率为 10%。因此，在第 12 行创建的 drop out 层将随机选择第 11 行在密集层中创建的 50 个节点中的 10%，并强制每个节点的输出为零。50 的 10% 是 5，因此密集层中的 5 个节点将给出零输出。

最后在第 13 行，我们添加了一个输出层，并指定 10 个节点来代表我们输出的 10 个不同类别（飞机、汽车、鸟、猫、鹿、狗、青蛙、马、船、卡车）。在我们的网络训练完毕并输入新图像后，我们的最终输出将是 10 个概率（10 个输出节点中的每一个都有一个概率）。每个概率都是介于 0（无可能性）到 1（100% 可能性）之间的数字。概率最高的节点将对应于 CNN 的预测。概率是输出，因为在第 13 行我们使用了 softmax 激活函数。让我用一个例子来详细说明。

假设我们将一张新图像输入到我们新创建和训练的CNN 中。输入图像后，输出的十个概率为 10%、5%、20%、1%、3%、4%、2%、5%、3%、82%。由于最后一个节点具有最高概率并且它是第9 个输出，因此预测将是"卡车"。回想一下，我们的类别的顺序是 (飞机=0、汽车=1、鸟=2、猫=3、鹿=4、狗=5、青蛙=6、马=7、船=8、卡车=9)

。请记住，python 中的数组从 0 **开始而不是** 1。我们的输出将是一个从 0 到 9 索引的 10 个数字的数组。这些数字中的每一个都是一个概率。

```
14 optimizer = tf.optimizers.Adam(learning_rate = .005)

15 CNN_model.compile(optimizer=optimizer,

    loss=tf.keras.losses.SparseCategoricalCrossentropy
    (from_logits=False),metrics=['accuracy'])
```

第 7 行到第 13 行定义了我们的模型。但是第 15 行实际上构建了我们命名为"CNN_model"**的模型。在解释**第14 **行之前，我将先解**释第 15 **行。首先请注意，第 15 行实**际上跨越 3 **行，并且我**们没有使用反斜杠 (\\) **来续行。这是可以的，因为在使用编译命令时，我们缩进了接下来的两行，并且 Python 将接下来的两行与第 15 行的第一行相关**联。

第 15 行将创建一个 Python 对象，该对象将构建 CNN。该模型是使用后台的 Keras 库构建的。您在第 2 行中看到我们导入了名为"models"的 api，然后在第 7行中我们使用"models api"创建了一个顺序模型并将其命名为"CNN_model"。编译函数包含一个选项，用于选择您希望使用的优化器类型和您希望使用的损失函数类型。每种类型的适当选择取决于您尝试解决的问题或您尝试做出的预测。

在训练期间，我们在第 1 章中描述的梯度下降算法试图改变 CNN 中的权重，以便CNN

的下一次评估可以减少误差。此评估使用损失函数进行。损失函数计算网络的误差。误差是 CNN 输出与"应该"输出之间的差异的度量。"应该"输出是已知的 Y 训练数据或 Y 训练标签。请记住，在训练期间，我们有一个由称为 X_train 的图像组成的训练数组，这些图像中的每一个都有一个位于Y_train

数组中的已知标签（或已知类别）。当我们输入X_train

数组的每个图像并收到输出时，网络会将该输出与Y_train

数组中与该特定图像相对应的内容进行比较。如果输出与Y_train

数组中的类别不同，则误差会增加。请参阅第一章以查看不同的误差公式或成本函数。

在第 15 行，我们使用 SparseCategoricalCrossentropy

损失函数。当每个输入都属于一个类时，就会使用它，就像我们的例子一样。它允许网络输出一组概率，每个可能的图像一个概率。我们将看到，概率最大的图像将是我们的预测。如果每个输入可能属于多个类，则使用另一个损失函数，即 CategoricalCrossentropy 损失函数。

继续第15行，from_logits =False

告诉损失函数在最后一层应用了激活函数（例如softmax）。softmax

函数已应用于每个类别的概率分布。并且，概率最高的类别是我们对输入图像的预测/类别，正如我们之前所解释的那样。from_logits = False

属性通知损失函数，模型生成的输出值是标准化的（或介于 0 和 1 之间，包括 0 和 1，它们是概率分布的值）。

继续第15

行，准确度指标用于计算所有预测的准确率。这意味着，在将网络的所有输出与 Y_train 数组中包含的已知值进行比较时，将计算准确率。还有其他

准确度指标。例如，binary_accuracy
指标用于计算仅涉及两个类作为输出的网络的准确度。confusion_matrix
指标显示一个表格，其中显示了真阳性、真阴性、假阳性和假阴性。

让我回到第 15 行的开头。代码 optimizer=optimizer 指定我们的 CNN
将使用名为"optimizer"的优化器，我们在第14
行对其进行了命名。什么是优化器？优化器是用于更改神经网络权重和学习率以减少损失的算法。不同的优化器以不同的方式调整神经网络的权重。

在第14
行，我们将优化器命名为"optimizer"，并将其设置为"Adam"，该优化器可从"optimizers"类访问，而该类又可从 tensorflow 库（我们在代码的第一行（第 1
行）将其重命名为"tf"）访问。请注意，每次访问某些内容时，我们都使用点 (.)
运算符。

Adam 是"自适应矩估计"的缩写。与所有优化器一样，Adam
用于最小化神经网络中的损失，从而创建更准确的分类神经网络。Adam
优化器的特殊之处在于，它可以调节最小化损失或在梯度下降过程中找到最小值的速度。

请注意，在第 14 行中，我们将Adam优化器的学习率设置为 0.005。回想一下第
1章，学习率是一个超参数，它控制在训练期间更新权重（在我们的神经网络中）的量。

通常在随机梯度下降中，所有权重更新都存在一个学习率，并且学习率在训练期间不会改变。但是，当我们使用Adam
优化器时，学习率会自我调整并在整个训练过程中发生变化，这样我们就不会"跳

过"网络中总误差的实际最小值。下图 5.9 演示了这一点。

Figure 5.9

学习速度太快，不准确

学习速度减慢且更加精确。

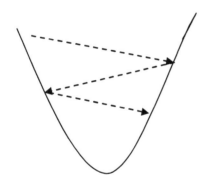
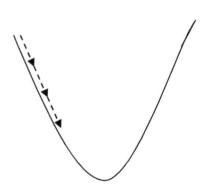

还有其他优化器可用于构建神经网络。**Momentum
具有比普通梯度下降更快收**敛的优势。**Adagrad
是一种**优化器，能够使用较少的数据进行训练。**AdaDelta**   **具有**   Adagrad
的优势，但是，学习率不会像Adagrad
那样衰减，训练可以不受约束地继续进行。在您的原始程序中进行实验，看看哪一
个产生更好的准确率。

```
16 history = CNN_model.fit(X_train, Y_train, epochs=5,\
   validation_data=( X_test, Y_test))
```

第 16 行将使用 fit 函数将 X_train 数组中的训练图像和位于 Y_train 数组中的训练标签输入到CNN 中。这样做是为了训练网络。网络将尝试调整其位于整个网络中的权重（参见第 1 章），**以便当我**们输入 X_train **数据**时，网络将

输出我们在 Y_train
数组中看到的内容。例如，我们正在训练网络，以便当我们输入一张飞机图片时，输出将通知我们该图片是一架飞机。我们将在下面看到网络如何通知我们图片中的内容。接下来，第 16 **行**显示训练期间将进行 5 个
epoch。这意味着所有训练数据将输入网络五次。最后，validation_data=(
X_test, Y_test)
将输入测试数据，这些数据将用于"测试"**我们的网络在我们输入图像时生成或给出**正确输出的能力的准确性。在将 X_test 输入网络后，我们将收到的输出与 Y_test **中的数据**进行比较，以确定准确性。

```
#Evaluate the model
17 plt.plot(history.history['accuracy'], label='accuracy')
18 plt.plot(history.history['val_accuracy'], label =\
   'val_accuracy')
19 plt.xlabel('Epoch')
20 plt.ylabel('Accuracy')
21 plt.ylim([0.5, 1])
22 plt.legend(loc='upper left')
```

第17行到第22
行将创建一个图表，该图表显示输入训练数据时模型的准确率，并与输入测试数据时模型的准确率进行比较（见下图5.10）。我们在第16

行中将"history"定义为使用训练数据对网络进行训练，然后使用"验证数据"对网络进行测试。第17行从我们在第16

行中称为"history"的训练结果中访问"history"函数。尽量不要混淆这两者。在第17行中，第一个单词"history"是第16

行的结果，然后代码（.history）访问一个函数，该函数将绘制训练数据在"预测"或对正确图像进行分类方面的准确率。我更喜欢使用分类这个词，而不是预测，因为我们通过查看图像就知道它们是什么。我们不会对未来发生的事情做出有根据的猜测。label='accuracy'

表示图表的纵轴上显示的是训练数据的准确率。纵轴将告诉我们每个时期将达到的百分比准确度

训练和测试数据（我们将看到训练数据的准确度将以一种颜色显示在一条线上，而测试数据的准确度将以另一种颜色显示在另一条线上）。回想一下，在第 3

行，我们导入了matplotlib.pyplot作为plt。在第17

行的**开头**，该库中的代码用于访问"plot"函数以制作折线图。

第18行与第17

行平行，但这次测试数据（X_test）的准确度用于在图表上创建另一条线（而在第 17 行，训练数据的准确度用于在图表上创建线）。

第 19 行在水平（x）轴上打印单词"Epoch"。第 20行在垂直（y）轴上打印单词"Accuracy"。第21

行设置图形的垂直或"y"限值。换句话说，y 轴的最低级别在 0.5 处，最高级别在 1 处，如图 5.10 所示，这是代码的输出。

Figure5.10

训练数据准确度与测试数据准确度的图表。请注意，测试数据或"val_accuracy"的准确度一**开始**较高。

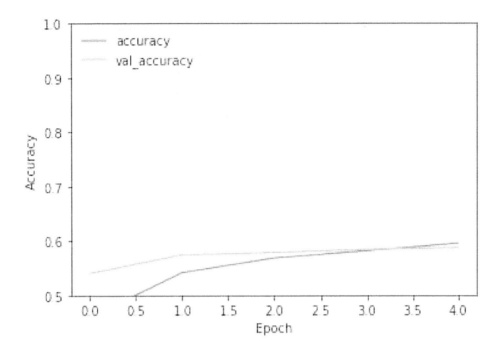

在第 22 行 plt.legend(loc='upper left') 确保图形的图例位于左上角。

```
23 test_loss, test_acc = CNN_model.evaluate(X_test,\
   Y_test,verbose=2)
24 print(test_acc)
```

在第 23 行中，keras 的评估函数对模型进行评估。它有三个主要参数：测试数据、测试数据标签和详细程度。详细程度可以是 0 = 静默、1 = 进度条、2 = **每** epoch 一行。

评估函数的结果放入变量"test_loss 和 test_acc"（测试准确度的缩写）中。实际上，第23行将输出测试数据的准确度百分比以及测试数据的损失。此损失是模型准确度的衡量标准。它计算响应 y 的真实值与模型估计或输出的 y 之间的差异。我从第 23 行收到以下输出：

```
loss: 1.2006 - accuracy: 0.5875
```

运行第 24 行将仅将准确度测量值打印到更多小数位，如下所示：

```
0.5874999761581421
```

```
#show model's structure
25 CNN_model.summary()
```

正如第25行上方的注释所述，访问summary
函数后将显示模型的结构。这显示了每层输出的形状。我们已经在本书其他章节的
模型中看到了此功能的使用。

```
#create an array that predicts what the category of each image
#from the test_image array and then print out the prediction for
#the 10th image. (predictions[9]) refers to the 10th image since
#the index of an array in python starts with 0.

26 predictions = CNN_model.predict(X_test)
27 tenth_prediction = (predictions[9])
28 print(tenth_prediction)

#The output from the code above consists of probability
#distributions between zero and one.
```

正如上面的注释所述，第26
行将创建一个名为"predictions"的数组，该数组是通过调用　　　　　CNN_model
中的"predict"函数创建的。

记得前面第　7　行　CNN_model　＝　models.Sequential()　表示
CNN_model（我们创建的模型）继承了models.Sequential
可用的所有函数，因为CNN_model是models.Sequential

的一个实例。这个"predict"函数将把X_test
中的所有图像输入到网络中并输出它们的分类（换句话说，它将尝试输出图像是什么）。第 26 行开头的名为"predictions"的数组将包含 X_test
数组中每个图像的分类数组。为了更清楚地说明这一点，我们将在第 27
行中选择其中一个预测。

第 27 行选择"predictions"数组中的第十个预测。请记住，(predictions [9])
指的是第 10 张图像，因为 Python 中数组的索引从 0
开始。我们将第十个预测命名为"tenth_prediction"。第 28 行打印第 10
个预测。预测的输出如下：

[0.09953647 0.0755548 0.11068923 0.100722 0.10607638
0.11845513 0.09618612 0.08297694 0.08904865 0.12075429]

但为什么我们会看到一系列十个数字？我们不是期望第十张图片的名称是飞机、汽车或轮船吗？我们之所以有一系列十个数字，是因为我们的模型输出一系列十个概率。这些概率对应于
输出将是某个图像。例如，第一个数字告诉我们该图像有 9%
的概率是一架飞机。第二个数字告诉我们该图像有 7%
的概率是一辆汽车（等等）。概率是输出，因为在第 13 行我们创建模型时使用了
softmax 激活函数，您可以在第 13 行看到有 10
个输出代表十个不同的图像类别（十个不同的图像类别显示在第 31
行之后的代码中的注释中）。所以接下来我们需要做的是找出哪个类别的图像具有最高的概率，这将是我们对测试集（X_test）中第十张图像的"预测"或分类。我们使用以下代码来实现这一点。

```
29 import numpy as np
```

我们需要在第 29 **行从** numpy 库导入代码。

```
#打印出包含最高值的数组的索引概率分布
30 prediction = (np.argmax(predictions[9]))
31 print(prediction)


#The index with the highest number will be the
```

```
#predicted output.
#The indexes of our input data are as follows:

#  0 airplane
#  1 automobile
#  2 bird
#  3 cat
#  4 deer
#  5 dog
#  6 frog
#  7 horse
#  8 ship
#  9 truck

#so if the returned index is 0, then the CNN categorized the
#inputted image as an "airplane"
```

注释解释了第 30 行和第 31 行的功能。第 30 行基本上表明，名为"prediction"的变量（不要与名为"predictions"的数组混淆）将等于包含最高数字（在我们的例子中是概率）的索引（或位置）。这是我们之前展示的第 28 行的输出：

```
[0.09953647 0.0755548 0.11068923 0.100722  0.10607638
0.11845513 0.09618612 0.08297694 0.08904865 0.12075429]
```

您可以看到数字最高的索引是 9。请记住，我们从左到右从零开始计数。索引号 9 对应哪个类别？从上面的注释部分，您可以看到数字9 对应于"卡车"。我们将使用下面的代码打印预测 [9] 的图像，以查看 CNN 的预测/分类是否正确。我们需要从 plt 模块访问 imshow 函数才能在计算机上查看图像。我们不能简单地运行代码"print(X_test[9])"。这只会给我们一个数字数组，代表 32 X 32 像素和 3 个 RGB 层。当我运行下面的代码时，我收到了一张卡车的图像，这证实了网络的预测。

```
32 plt.figure()
33 plt.imshow(X_test[9])
```

```
34 plt.colorbar()
35 plt.grid(False)
36 plt.show()
```

第32行使用plt中的figure

函数创建所谓的图形对象。将要创建的整个图形被视为"图形对象"。

第 33 行访问我们之前描述的 imshow **函数。并将** X_test **数**组中的第十幅图像（第 9 **个索引**）**作为参数。**

第 34 行使用 colorbar() 函数打印出"颜色条"。matplotlib 的 pyplot 模块中的 colorbar() 函数将颜色条添加到指示颜色比例的图中。

第   35
行告诉我们，显示的图像上不应叠加网格。进行实验，不要键入"False"作为 grid 函数的参数，而应键入"True"。运行代码后，您会注意到图像顶部有一个方格网格。当您想引用图像的不同部分时，这可能会很有用。请注意，网格的线条将来自垂直轴和水平轴上的数字。

最后，第 36 行使用 show() 函数。这将显示整个图形。但是，根据您运行 Python 代码的位置，此行可能不是必需的。例如，在 Spyder 和 Google Colab 中，它不是必需的，可以省略。运行第 32 行到第 35 行将显示该图。

将 CNN 应用于你自己的图像

我们刚刚看到的CNN使用了从keras
库导入的图像，并且已经将其分为训练集和测试**集。我们用来引入数据集的** load_data() **函数来自** cifar10 **模块，我们需要导入此模块并使用其图像才能使用** load_data()**函数。因此，该程序中的代码只有在处理来自**cifar10 的图像时才有用。该程序是为了展示 CNN **的工作原理而提出的。**

但是，假设您想构建一个可以应用于您自己的图像的模型？这就是我接下来要向您展示的内容。大部分代码与我刚刚介绍的代码相似，但我仍将解释每一行。如果您觉得您熟悉某些解释，请跳过它们。

为了方便和教学目的，我不会为这个例子加载很多图像，这样您就可以更快**地理解**、创建和

然后运行示例。但请记住，数据越多（在本例中是图像越多），神经网络对图像进行分类的效果就越好、越准确。

此示例将图像分类为飞机或汽车。但此示例可以应用于任何图像。您可以使用类似的模型来对不同的人或不同的动物进行分类。图像分类模型可用于识别/**分类犯罪**嫌疑人，或对生物学或动物学中的动物照片进行分类。应用似乎无穷无尽。请记住，这只是一个用于教育目的的简单示例，其中图像数量非常少。此示例仅上传 20 张图像。您可以上传更多图像，但您需要修改代码。此时，如果您不熟悉 Python **和神**经网络，我建议您完全**按照此**处的示例进行操作，然后随着学习的进步，增加未来项目的图像数量。我使用Jupyter Notebook
来运行此示例中的代码，因为它可以轻松导入所需的 tensorflow 和 cv2 库。您可以在其他 IDE
中运行此程序，但是，上传这些库可能需要繁琐的过程。例如，我发现很难在最新版本的Spyder IDE中导入cv2
库。您可能需要在计算机上执行一整套说明才能在 Spyder 中导入 cv2，**而在** Jupyter Notebook 中，**您只需**简单地输入"import cv2"**就可以了。因此，**我强烈建议您在Jupyter Notebook
中运行这个项目，特别是如果您是 Python **新手**。Jupyter Notebook **和**许多其他 IDE
一样可以免费下载。虽然它们是免费的，但它们包含许多有用且复杂的功能。

开始这个项目需要做的第一件事是下载 10 张飞机的 jpeg 图像和 10 张汽车的 jpeg图像。您可以使用其他图像格式，但是我发现jpeg

创建用于二进制输出分类的前馈人工神经网络

图像可以很好地与神经网络配合使用。其他图像格式的质量可能更差或更好。但它们可以在卷积神经网络中工作，因为CNN

将图像识别为一系列数字；它们不像我们一样"**看到**"图像。然而，我们不希望图像质量太差，以至于会影响它们作为数字数组的表示（即模糊图像）。

您下载的 20 张图片的宽度应大于 150 **像素**，**高度**应大于 190 **像素**。这些尺寸是必要的，只是因为我的程序中的代码就是按照这些尺寸编写的。但是，随着您学习代码并提高Python

编程水平，您会发现可以轻松修改代码以适合您的图像大小。

您可以在Windows

中轻松查看图像的尺寸。只需将鼠标箭头放在下载的图像上，尺寸就会显示出来。第一个数字是照片的宽度，第二个数字是照片的高度。**或者您可以右**键单击图像并选择"**属性**"，**然后**单击"详细信息"选项卡。对于Mac

用户，右键单击图像并选择"获取信息"。**将打开一个**弹出窗口，其中图像的尺寸显示在"**更多信息**"部分中。**尺寸将**显示图像的像素高度和宽度。

将十张飞机图像保存在名为"飞机"的**文件**夹中。然后将十张汽车图像保存在名为"**汽车**"的**文件**夹中。我将这两个文件夹都保存在名为"images"的**文件**夹中，该文件夹位于我的 C 盘中名为"AI"**的文件**夹中。因此，我的"airplanes"**文件**夹的目录是C:/AI/images/airplanes.

如果你将这两个文件夹保存在计算机上的其他地方，那么就可以**了**。**重要的是**，**你必**须将十张飞机图像保存在名为"飞机"的**文件**夹中，将十张汽车图像保存在名为"**汽车**"的**文件**夹中。

你的网络将使用其中一些图像进行训练，以识别飞机或汽车的图像。其中一些图像将用于测试CNN

分类能力的准确性。最后，我们将输入一张图片，看看程序是否能正确地告诉我们该图像是飞机还是汽车。

与其他示例一样，完整地查看代码，然后阅读每行代码的解释。然后返回并再次完整地查看代码。

```
import tensorflow as tf
from tensorflow.keras import layers, models


from matplotlib import pyplot
import random
import numpy as np
import cv2
from os import listdir


# load all the ten airplane images from the airplane folder
imagesWithLabels = []
for filename in listdir('C:/AI/images/airplanes'):

    img_data =   cv2.imread('C:/AI/images/airplanes/' +\
    filename)
    img_data = cv2.resize(img_data, (150, 190))


# store each loaded image in a list along with a zero, since zero
#will be used to identify airplane images. SO each entry in the
# imagesWithLabels list will have two items, the image and a zero

    imagesWithLabels.append((img_data,0))
```

```
    print('> loaded %s %s' % (filename, img_data.shape))



# load all the ten automobile images from the automobile folder

for filename in listdir('C:/AI/images/automobiles'):
    # load image
    img_data =  cv2.imread('C:/AI/images/automobiles/' +\
      filename)
    img_data = cv2.resize(img_data, (150, 190))


    # store loaded image in the list
    imagesWithLabels.append((img_data,1))
    print('> loaded %s %s' % (filename, img_data.shape))



#Check to see that our list contains all 20 images—10 airplanes
and 10

#automobiles

len(imagesWithLabels)


# shuffle the list since we don't want to train the network with
# all airplanes in the beginning and all autos at the end of our
# list


random.shuffle(imagesWithLabels)
```

```
#divide the list into training and test sets
train = imagesWithLabels[:10]
test = imagesWithLabels[10:]
```

```
# Break the pairs in the train list into a list containing the
#images and a list containing the ones and zeros that correspond
# to those images. Remember, "0" means airplane and "1" means
#automobile. Then do the same for the list called "test"
```

```
x_train, y_train = zip(*train)
x_test, y_test = zip(*test)
```

```
#Convert x_train, y_train, and x_test, y_test to  numpy arrays
#since the neural network takes numpy arrays as input
x_train = np.array(x_train)
y_train = np.array(y_train)
```

```
x_test = np.array(x_test)
y_test = np.array(y_test)
```

```
#look at how our shapes are
print(x_train.shape)
print(y_train.shape )
```

```
#Build the model

CNN_model = models.Sequential()

CNN_model.add(layers.Conv2D(50, (2, 2), activation='relu',\
input_shape=(190,150,3)))

CNN_model.add(layers.MaxPooling2D((3, 3)))

CNN_model.add(layers.Flatten())

CNN_model.add(layers.Dense(50, activation='relu'))

CNN_model.add(layers.Dropout(.1))


# The last layer has two neurons since one is for 0 or airplane
#and the other is for 1 or automobile. The network will output
#two values later on when we use the "predict" function. These
#values function as probabilities. So the neuron with the highest

#probability value will be our prediction, either 1 or 0


CNN_model.add(layers.Dense(2, activation='softmax'))


optimizer = tf.optimizers.Adam(learning_rate = .005)

CNN_model.compile(optimizer= optimizer,


        loss=tf.keras.losses.SparseCategoricalCrossentropy
        (from_logits=False),metrics=['accuracy'])



#train the model and evaluate the model using the test set

history = CNN_model.fit(x_test, y_test,
epochs=5,validation_data=( x_test, y_test))
```

```
#Predict the classification of one image, the 8th image since we
#begin at index 0. SO from 0 to 7, makes image 7 the 8th image

output = CNN_model.predict(x_train)

prediction = np.argmax(output[7])



print(prediction)


if prediction == 0:

    print ('The image is a picture of an airplane.')


elif prediction == 1:

    print('The image is a picture of an automobile.')
```

#Show the image to see if you classified it correctly

```
pyplot.imshow(x_train[7])

pyplot.show()
```

解释每一行代码

以下七行代码导入了该程序所需的库。

```
1 import tensorflow as tf
2 from tensorflow.keras import layers, models

3 from matplotlib import pyplot
4 import random
5 import numpy as np
6 import cv2
7 from os import listdir
```

第1行和第2行导入了 tensorflow 包和我们用来创建卷积神经网络所需的模块。第3行导入了pyplot。Pyplot
是用于创建图形、创建绘图区域和显示图像的函数集合。第 4 行导入了 *random*模块，我们将在代码中使用并进一步解释。第 5 行导入 numpy，我们使用它来创建称为 numpy 数组的特殊数组。第 6 行导入用于图像和视频分析的 cv2 模块。我们将在此程序中使用它来加载和调整图像大小。第 7 行导入 listdir 方法，该方法用于获取指定目录中所有文件的列表。

```
# load all the ten airplane images from the airplane
# folder
8 imagesWithLabels = []
9 for filename in listdir('C:/AI/images/airplanes'):

10    img_data =   cv2.imread('C:/AI/images/airplanes/' +\
      filename)
11    img_data = cv2.resize(img_data, (150, 190))
```

在"#"符号指定的注释之后，上面的第 8 行创建了一个名为 imagesWithLabels 的列表。从空的方括号可以看出，它是空的。在 Python 列表中使用方括号。第 9 行创建一个*for 循环使用 listdir 方法遍历名为"airplanes"的文件*夹中的所有图像。*第 10 行使用 imread使用* cv2 模块中的函数上传名为"airplanes"的文件夹中的每一幅图像，并将其放置在 numpy数组命名 *img_data.* 请记住，每张图片都是在每次迭代中上传的 *for循环，在循环的第一次迭代中，上传名为"airplanes"的文件夹中的第一张飞机 图像，然后在第 11 行 resize方法用于将*图像的大小更改为 150 像素宽和 190 像素高。这就是为什么我在这个项目开始时就指出您需要使用大于 150 像素宽和 190像素高的图像，以便我们可以将它们全部裁剪为一个共同的大小。我们需要这 样做的原因是我们需要在代码中为网络的输入层指定形状/大小。也就是说，我们 不能将不同大小的图像输入到我们即将创建的神经网络中。

```
# store each loaded image in a list along with a zero,
#since zero will be used to identify airplane images. So
```

创建用于二进制输出分类的前馈人工神经网络

```
#each entry in the imagesWithLabels list will have two
#items, the image and a zero


12    imagesWithLabels.append((img_data,0))

13    print('> loaded %s %s' % (filename, img_data.shape))
```

第 12行之前的注释解释了该行的用途。img_data
中的图像在每次迭代中被放在那里 *for循环将被插入（使用 append*
函数）放入我们之前在第8行创建的名为"imagesWithLabels"**的列表中**。请记住
，for 循环的每次迭代都会将新图像放入 img_data **数**组中。上一次迭代中的图像
for循环消失，并被一张新图像取代，该图像在第 10 行使用 imread **功能**。

除了图像之外，第12行还为每个图像插入一个"0"，因为我们使用此方法加载的每
个图像*for*循环是一架飞机，我们将使用数字0
来表示神经网络中的飞机图像。这在代码中会更有意义。第13
行仅打印出加载了哪张图像（图像名称）和形状，每个形状应为 190 X
150，因为我们在第 11 行调整了每个图像的大小。当我们在第 11
行调整每个图像的大小时，宽度是第一位的，高度是第二位的，但是现在 python
将高度放在第一位，宽度放在第二位，并且在"190,
150"后面放置一个数字"3"，表示**每**张都是彩色照片。3
表示彩色图像有三层：RGB = 红色层、绿色层、蓝色层。请注意第 13 行中的
%s 运算符。两个 %s 运算符显示将添加 filename 和 img_data.shape
的位置。%运算符后的两个值将按顺序放入两个%s运算符所在的位置。例如，如
果文件名为 *pic1.jpg, img_data.shape* 为 *(190,* 150, 3), 则第 13
行将输出以下内容：*loaded pic1.jpg (190, 150, 3)。*%s
运算符包含"s"的原因是它会自动将值转换为字符串。因此，第 13 行中 %
符号后面括号中的任何内容都会转换为字符串。

```
# load all the ten automobile images from the automobile
#folder
14 for filename in listdir('C:/AI/images/automobiles'):
    # load image
15     img_data =  cv2.imread('C:/AI/images/automobiles/' +\
       filename)
16     img_data = cv2.resize(img_data, (150, 190))


    # store loaded image in the list
17     imagesWithLabels.append((img_data,1))
18     print('> loaded %s %s' % (filename, img_data.shape))
```

第 14 行至第 18 行与第 9 行至第 13 行类似，但这次我们将汽车图像插入到名为
imagesWithLabels　 的列表中。图像从名为"automobiles"的文件夹上传，如第
15 行的目录（括号中）所示，并且还调整了大小，如第 16 行所示。**但是，第 17
行在每个图像中包含一个"1"而不是"0"**，因为我们将使用"1"来表示汽车图像。请
注意，第 13 **行的先前解释**适用于上面的第 18 行。还请注意，第 15 行至第 18
行在第 14 行之后缩进。这意味着第 15 **行至第 18 行在每次**传递时都会迭代
for循环。这就是为什么我在每一章的开头都说，在阅读每一行的解释之前，先看
完整个代码很重要。通过查看完整个代码，我们可以更容易地看到缩进的位置，从
而知道哪些行是循环的。

创建用于二进制输出分类的前馈人工神经网络

```
#Check to see that our list contains all 20 images-10
#airplanes and 10 automobiles

19 len(imagesWithLabels)
```

正如注释所述，第 19 行应该返回数字"20"，因为第一个 for 循环应该上传了 10 张飞机图像，**第二个 for 循**环应该上传了 10 张汽车图像。现在请记住，imagesWithLabels 列表中的**每个条目都**应该是一张图片和一个与该图片相对应的数字（0 表示飞机，1 表示汽车）。因此，我们可以说这 20 个条目中的每一个都是"重复条目"。

```
# shuffle the list since we don't want to train the network
#with all airplanes in the beginning and all autos at the
#end of our list


20 random.shuffle(imagesWithLabels)
```

我们不能将所有飞机图像放在开头，将所有汽车图像放在结尾。这样无法很好地训练网络，因此我们将使用 shuffle **方法随机混合** imagesWithLabels 列表中的**每一**对。

```
#divide the list into training and test sets
21 train = imagesWithLabels[:10]
22 test = imagesWithLabels[10:]
```

第 22 行将 imagesWithLabels 列表的前 10 个条目插入到名为 train 的新列表中（用于训练），第 22 行将 imagesWithLabels 列表的后 10

个条目插入到名为 test 的新列表中（用于测试）。请注意，第 21 行冒号之前是空的。这意味着从列表的开头（开头是索引 0）。请注意，第 22 行冒号后是空的。这意味着从索引 10 到结尾。从索引 10 到索引 19 将是另外 10个"图像，数字"对。当我说图像时，python 会将图像表示为一个数字数组。如果运行代码：print(train)，您将看到这个长数字数组。为了解释，我将使用"1st_image"、"2nd_image"等字词来指定图像，尽管实际上每个图像都是一个数字数组。因此，名为train 的列表将由如下对组成：train = [[1st_image, 1], [2nd_image, 0], [3rd_image, 0]...[10th_image,1]]

请注意，名为"train"的列表中的每个条目都有两个项目，一个图像和一个数字（根据图像的不同，可能是 0 或 1）。测试列表看起来类似。

```
#Break the pairs in the train list into a list containing
#the images and a list containing the ones and zeros that
#correspond to those images. Remember, "0" means airplane
#and "1" means automobile. Then do the same for the list
#called "test"


23 x_train, y_train = zip(*train)
24 x_test, y_test = zip(*test)
```

为了训练我们的 CNN，我们需要将训练图像放在一个数组中，将标签（1 和 0）放在另一个数组中。这只是我们的 CNN 接受数据的方式。在运行第 23 行和第24行之前，我们只有一个名为"train"的列表来训练我们的 CNN。列表中的每个条目都有一个图像和一个数字（1或 0）。我们不能以这种形式使用此列表。我们需要将图像放在一个列表中，将 1 和 0 放在另一个列表中。我们使用第 23 行来实现这一点。同样，我们在第 24 行对测试列表执行此操作。zip 函数的作用就像一个"拉链"。想想拉链如何将金属牙齿的一侧与另一侧分开。第 23 行的 zip 函数将图像与训练列表中每个成对条目中的 1/0 分开，并将图像放在名为 x_train 的列表中（因为图像是每对中的第一个）

并将 1/0 放入另一个名为 y_train

的列表中。请注意，"train"一词前面有一个星号。这表示我们正在分隔每一对。星号称为"解包运算符"。我们需要它，因为如果没有它，zip

函数会将两个列表的元素合并为一个列表。通过使用星号

(*)，我们本质上是在做相反的事情。我们将一个列表分成两个列表。在稍后的训练过程中，x_train 列表的每个索引将与 y_train

列表的每个索引相对应。这是必要的，因为当我们训练 CNN

时，我们需要调整网络，以便当我们在 x_train 中输入每个图像时，它将输出 y_train 中的每个项目。

正如我们前面提到的，第 24 行从一个测试列表中创建两个列表：由图像组成的 x_test 和由 1 和 0 组成的 y_test。一旦使用 x_train 和 y_train 训练网络，这两个列表将用于测试或评估网络。但首先我们需要将列表 (x_train、y_train 和 x_test、y_test) 转换为 numpy 数组，因为这是我们的 CNN 将接受的输入。我们使用下面的第 25、26、27 和 28 行来完成此操作。

```
#Convert x_train, y_train, and x_test, y_test to numpy
#arrays since the neural network takes numpy arrays as
#input

25 x_train = np.array(x_train)

26 y_train = np.array(y_train)

27 x_test = np.array(x_test)

28 y_test = np.array(y_test)
```

第 25、26、27 和 28 行使用 *array*方法来自 numpy 库（显示为 np，我们在第 5 行定义它）将每个列表（位于括号中）转换为 numpy 数组。

158

```
#Look at how our shapes are
29 print(x_train.shape)
30 print(y_train.shape )
```

第 29 行和第 30 行将输出每个数组的形状。

您会注意到 x_train 的形状是 (10, 190, 150, 3)，这意味着数组中有 10
张图像。每张图像高 190 **像素**，宽 150 **像素**，每张图像有 3
个层，因为我们有彩色图像 (RGB)。请记住，我们只有 x_train **中的**图像。在
y_train **中**，我们有 1 **和** 0。**当我们运行第** 30 **行时，我们应该收到**
(10,)，这意味着名为"y_train"的数组中有 10 个数字。**每个数字是** 1 **还是**
0，**具体取决于** x_train **数**组中该索引对应的图像。

现在我们在 numpy **数**组中拥有所有训练数据和测试数据，我们可以创建 CNN
模型并使用 x_train **和** y_train **来**训练我们的模型，使用 x_test **和** y_test
来评估模型。回想一下本章开头的讨论，图像中的每个像素都具有特定的值，正是
这些值训练 CNN 识别某些物品的图像。

```
#Build the model
31 CNN_model = models.Sequential()
32 CNN_model.add(layers.Conv2D(50, (2, 2), activation=\
   'relu', input_shape=(190,150,3)))
33 CNN_model.add(layers.MaxPooling2D((3, 3)))
34 CNN_model.add(layers.Flatten())
35 CNN_model.add(layers.Dense(50, activation='relu'))
36 CNN_model.add(layers.Dropout(.1))


#The last layer has two neurons since one is for 0 or airplane
#and the other is for 1 or automobile. The network will output
```

```
#two values later on when we use the "predict" function. These
#values function as probabilities. So the neuron with the highest

#probability value will be our prediction, either the first
#neuron or 0 (which corresponds to airplane) or the second neuron
# or 1 (which corresponds to auto)


37 CNN_model.add(layers.Dense(2, activation='softmax'))


38 optimizer = tf.optimizers.Adam(learning_rate = .005)
39 CNN_model.compile(optimizer=optimizer,
        loss=tf.keras.losses.SparseCategoricalCrossentropy
        (from_logits=False),metrics=['accuracy'])


#train the model and evaluate the model using the test set
40 history = CNN_model.fit(x_test, y_test,\
   epochs=5,validation_data=( x_test, y_test))
```

上面的第 31 行到第 38 行与我在本章开头展示的用于创建 CNN
示例的行相同，因此我不会再次解释它们。但是有两个不同之处。第一个是在第
32 行。此处 CNN 的输入形状为
(190,150,3)。这些数字告诉我们，输入到网络中的图像位于 x_train 和
x_test，**其高度为190像素，**宽度为150
像素，并且由于每个都是彩色图像，因此每个图像都有3
个层：红色、绿色、蓝色。另一个区别是，在第37
行，输出层中有两个神经元，一个用于用零指定的飞机图像，另一个神经元用于用
数字一指定的汽车图像。我们网络的输出将是一个概率数组。概率最高的索引将是
我们的预测。例如，如果我们将图像输入网络后，输出为（20%，75%），这意
味着我们的预测/分类是该图像**汽**车，因为第二个索引（索引 1）**的概率**较高，为
75%。**第一个索引（索引 0）**对应于飞机，概率较低，为 20%。

回想一下，我们在本章中介绍的第一个程序中，输出层中有 10 个神经元，因为有 10种不同类型的图像。在我们的示例中，只有两种不同类型的图像（飞机和汽车），因此输出层中只有 2 个神经元，它们对应于输出数组中的两个位置：索引 0 处的位置和索引 1 处的位置。

第 39 行和第 40 行与我们在本章前面构建的第一个 CNN 模型中使用的行类似。请参阅它们以获取说明。第 40 行基本上是使用 x_train 和 y_train 训练我们的 CNN，并使用 x_test 和 y_test 对其进行评估。

我们可以使用第 41 行到第 45 行来预测或分类我们输入到网络中的单个图像

```
#Predict the classification of one image, the 8th image since we
#begin  at index 0. So from 0 to 7, makes image 7 the 8th image
41 output = CNN_model.predict(x_train)
42 prediction = np.argmax(output[7])
43 print(prediction)
```

第 41 行将使用预测函数对 x_train 数组中的每个图像进行分类，并将每个分类放在名为"输出"的数组中。请记住，每个分类将显示为两个数字。第一个数字表示图像是飞机的概率，第二个数字表示图像是汽车的概率。概率最高的位置将是我们的预测。您可以通过运行以下代码来验证"输出"的样子：print(output)。当我运行此代码时，在运行完所有其余代码后，我收到了以下输出：

```
tf.Tensor(
[[1. 0.]
 [1. 0.]
 [1. 0.]
 [1. 0.]
 [0. 1.]
 [0. 1.]
 [1. 0.]
```

```
[0. 1.]
[1. 0.]
[0. 1.]], shape=(10, 2), dtype=float32)
```

这将向您显示 x_train

数组中十幅图像的每幅"预测对"。您可以看到，在第一对中，"1"表示图像是飞机的概率为 100%，因为"1"位于第一位（索引 0）。从顶部开始的第五对显示第二位（索引 1）的 1（或 100%），这意味着第五幅图像是汽车的概率为 100%。

在第 42 行，我们选择第 8 幅图像。我们使用 7 来表示第 8 幅图像，因为我们从索引 0 **开始。因此，从 0** 到 7，使图像 #7 成为第 8 幅图像。第 42 行使用 numpy 中的 argmax

函数。此函数将返回具有最高数字的索引。查看我们之前显示的输出。请注意，对于我的图像，第八对是 (0,1)。当我们将 argmax

函数应用于此对时，它将返回包含最大值的索引。在这种情况下，该对中的最高值为"1"，它位于索引号 1 中。索引 0

表示该对中的第一个数字，即零。因此，第八对的最高值索引为"1"。因此，第 42 行将在名为"prediction"的变量中放置"1"。

第 43 行将打印此预测。也就是说，它将打印数字"1"。

但是，这对用户不太友好。让我们看看我们是否可以编写一些代码来实际告诉我们图像是飞机还是汽车。这就是我们在第 44 行和第 45 行所做的。第 44 行指示计算机打印："图像是一张飞机的图片"，如果名为 prediction 的变量的值为 0。第 45 行让计算机打印："图像是一张汽车的图片"，如果 prediction 的值为 1。请注意，在这两行上，"=="用于表示"等于"。第 45 行使用了"elif"，意思是"else if"。

```
44 if prediction == 0:

    print ('The image is a picture of an airplane.')


45 elif prediction == 1:
```

```
        print('The image is a picture of an automobile.')
```

运行第 44 行和第 45 行的代码后，我的 CNN
预测该图像是一辆汽车。当然，您的结果可能会有所不同，因为您正在加载自己的图像，
当您在第 20 行**使用** shuffle **函数**时，它们可能会以不同的方式混合。

最后，让我们打印出第八幅图像的图片，看看 CNN **的预测/分类**是否正确。我们使用第
46 **行和第** 47 **行的代码**执行此操作。第 46 **行的代码**可能足以使用 *imshow*从
pyplot **模块**访问的函数，并应用于 x_train **数**组中的第 8 **个图像**。但是，某些
IDE **可能需要第** 47 **行才能**显示图像。我使用 Jupyter Notebook
运行此代码，不需要第 47 行。**当我运行它**时，我收到了一张汽车图像。因此我的
CNN**正确地**预测或分类了该图像。但是，请记住，由于没有使用太多图像来训练
模型，因此它很可能不是一个好的模型。您必须使用数百甚至数千张图像才能正确
训练模型。

```
#show the image to see if you classified it correctly

46 pyplot.imshow(x_train[7])

47 pyplot.show()
```

请记住关于此处提供的代码的最后一点。我们可以将第 37 **行替**换为以下内容：

```
37 CNN_model.add(layers.Dense(1, activation='sigmoid'))
```

这样输出层中就会剩下一个神经元，输出一个数字，0 **表示**飞机，1
表示汽车。所示的 S **型激活函数是合适的**，因为它会使输出介于 0 **到** 1 **之**间。

我们还需要用以下修改后的第 39 行替换原来的第 39 行：

```
39 CNN_model.compile(optimizer='adam',

         loss=tf.keras.losses.binary_crossentropy
      ,metrics=['accuracy'])
```

需要使用上面修改后的第 39 行中显示的 binary_crossentropy
损失函数，因为它是为二进制（0 或 1）分类应用而设计的。

而且我们不需要 argmax 函数，因为我们输出一个数字 1 或 0，**因此第 41、42
和 43 行将如下所示**：

```
41 output = CNN_model(x_train)
42 prediction = output[7]
43 print(prediction)
```

原来的第 44 行和第 45 行仍然适用：

```
44 if prediction == 0:
     print ('The image is a picture of an airplane.')

45 elif prediction == 1:
      print('The image is a picture of an automobile.')
```

此**修**订版只是实现同一目标的另一种方式。不同之处在于，该项目的原始代码适用于具有两种以上图像类型的分类问题，而修订版仅适用于两种类型的分类。但是，可以修改**修**订版以应用于具有两种以上图像类型的分类问题。另外，请记住，本章开头提供的原始代码使用了我们从 keras
库导入的图像，并且已经将其分为训练集和测试集。我们用来引入数据集的
load_data() **函数来自** cifar10 **模**块，我们需要导入此模块并使用其图像才能使用
load_data() **函数。因此**，该程序中的代码仅在我们使用来自 cifar10
的图像时才有用，而上面提供的修订版可用于对您输入的任何图像进行分类。

创建用于二进制输出分类的前馈人工神经网络

第六章

深度学习与自然语言处理

自然语言处理(NLP)**是人工智能/深度学**习的一个分支，其**目标**是让计算机理解、解释、分类或预测人类语言。NLP还有其他功能。但它们都归结为让计算机在处理输入的语言后提供某种类型的输出。这种语言可以是英语，也可以是任何其他语言。然而，许多与 NLP **相关的**库都是针对英语的。

NLP不一定需要涉及深度学习或神经网络。NLP **可以通**过机器学习和其他计算机编程方法来实现。在本章中，我们将讨论使用深度学习和神经网络的   NLP。**特别**是，我们将使用   LSTM，这在前面关于   RNN **的章**节中已经讨论过。

本章的代码将构建一个神经网络应用程序，该应用程序将接受用英语编写的书评作为输入，分析和处理文本，并将评论分类为负面评论或正面评论。

对于本课，您应该使用 Python **集成开**发环境 (IDE)，**例如** Spyder **或位于**

您的计算机。请勿使用 Google Colab 或任何位于外部服务器上的 IDE。原因是您需要一组与本章中显示的代码不同的代码来上传我们将用于应用程序的 CSV 文件（有关将文件上传到 Google Colab 的信息，请参阅附录 B）。

在IDE中输入代码之前，您需要创建所谓的CSV 文件或逗号分隔值文件。最简单的方法是在 Microsoft Excel 中创建一个 DataFrame。您应该使用我在下图6.1 中显示的相同数据。然后在完成练习并成功运行程序后，您可以根据需要更改数据，或者使用来自供应商网站（例如亚马逊）的任何产品评论的实际数据。打开一个空白的 Excel 表并输入数据和标题，就像您在下图 6.1 中看到的那样。

Figure 6.1

date	name	sentiment	text
10/1/2020	Bob	Neutral	It was ok. Few good parts.
10/20/2020	Jeff	Negative	I was bored to tears. I could not read anymore.
12/3/2020	Mary	Negative	The book was bad. I was really bored.
12/4/2020	Julio	Negative	One of the worst books I ever read.
12/5/2020	Kareem	Neutral	Nothing really exciting.
12/16/2020	Ania	Positive	I loved it !
12/17/2020	Conner	Negative	# I hated it.
1/8/2021	Bill	Negative	Really bad.
1/9/2021	Jack	Negative	A real dissapointment.
1/10/2021	William	Negative	It bored me.
1/13/2021	Steve	Positive	I liked it a lot !
1/18/2021	Maria	Negative	The worst.
2/15/2021	Betty	Positive	I enjoyed it. I loved it !
6/16/2021	Jackie	Positive	Excellent !
7/19/2021	Alex	Negative	Boring.
8/20/2021	Hulugu	Positive	I loved it so much !
9/27/2021	Geoffrey	Negative	The absolute worst book I ever read.
10/22/2021	Tammy	Positive	A real thrill. Loved it.
11/28/2021	Latisha	Negative	A waste of money.
12/21/2021	Sammy	Positive	Please write more books !
12/25/2021	Jim	Positive	One of the best books I've read.

Figure 6.2　Excel 中的 CSV 文件的实际图像

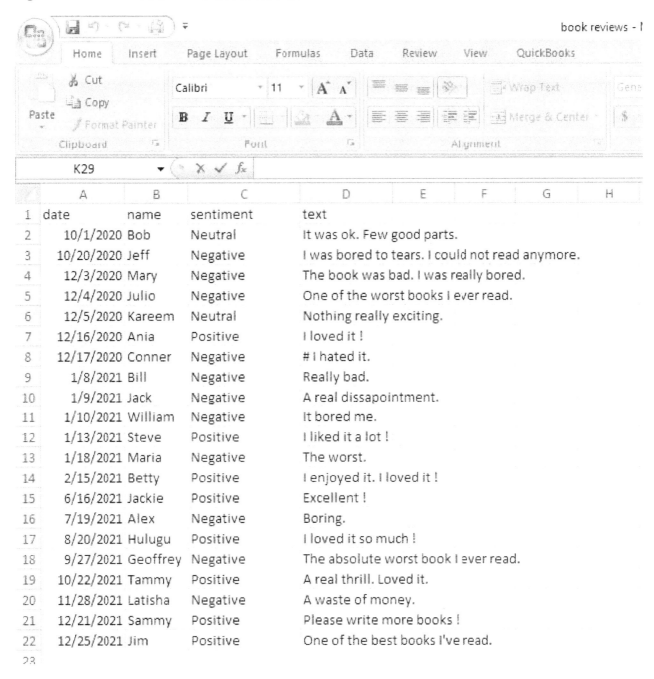

图 6.2 显示了实际 Excel 文件的图像。为了准确输入标题和文本，图 6.1 是为了清晰起见而显示的。请注意，标题是小写的。确保准确输入您在图中看到的文本。确保您的 Excel 表准确反映了图 6.1 和 6.2 中的内容后，将文件另存为"书评"。在"书"和"评论"之间留一个空格。在"保存类型"字段中选择"CSV（逗号分隔）"。导航到您的 C 盘并将文件保存到名为"AI"的文件夹中。严格按照这些说明操作非常重要，因为代码将引用此文件及其位置，正如我在此处描述的一样。

CSV 或逗号分隔值文件就是这样。它是一个数据用逗号分隔的文件。如果你转到 C 盘中新创建的"AI"文件夹并右键单击刚刚保存的名为"book reviews"的文件，并选择"打开方式"然后选择"记事本"，你将看到图 6.3。

Figure 6.3

date,name,sentiment,text

10/1/2020,Bob,Neutral,It was ok. Few good parts.

10/20/2020,Jeff,Negative,I was bored to tears. I could not read anymore.

12/3/2020,Mary,Negative,The book was bad. I was really bored.

12/4/2020,Julio,Negative,One of the worst books I ever read.

12/5/2020,Kareem,Neutral,Nothing really exciting.

12/16/2020,Ania,Positive,I loved it！

12/17/2020,Conner,Negative,# I hated it.

1/8/2021,Bill,Negative,Really bad.

1/9/2021,Jack,Negative,A real disappointment.

1/10/2021,William,Negative,It bored me.

1/13/2021,Steve,Positive,I liked it a lot！

1/18/2021,Maria,Negative,The worst.

2/15/2021,Betty,Positive,I enjoyed it. I loved it！

6/16/2021,Jackie,Positive,Excellent！

创建用于二进制输出分类的前馈人工神经网络

7/19/2021,Alex,Negative,Boring.

8/20/2021,Hulugu,Positive,I loved it so much !

9/27/2021,Geoffrey,Negative,The absolute worst book I ever read.

10/22/2021,Tammy,Positive,A real thrill. Loved it.

11/28/2021,Latisha,Negative,A waste of money.

12/21/2021,Sammy,Positive,Please write more books !

12/25/2021,Jim,Positive,One of the best books I've read.

图6.3中看到的信息与图6.2中看到的信息相同，但是，每列中的信息不是用行分隔，而是用逗号分隔。因此，"逗号分隔值文件"这个名称描述了文件的类型。当我们将此文件读入程序时，python
使用逗号来知道列的结束和开始位置。我们可以轻松地将图6.3
中看到的内容输入记事本并将其保存为"book reviews.csv"

一旦您创建了"book reviews"CSV**文件并将其保存到**C
驱动器上名为"AI"的文件夹（适用于Windows
用户）。输入并运行以下代码。Mac**用户应将**AI
文件夹保存在其系统上的一个驱动器中，并相应地调整代码。Spyder　　　　IDE
有一个特殊功能，您可以在其中突出显示代码块并选择　"Run　selection　or
current　line"　来自　"Run"　菜单。有时，如果您一次运行　5
行左右，而不是一次运行整个程序，这有助于理解程序，尤其是当代码达到数百行
时。如果您这样做，请确保您没有跳过任何行，因为某些代码行取决于它们之前的
行。

查看下面的代码和注释。#
符号后显示的注释在解释代码方面相当详尽。但是，我将在程序的整个代码之后详
细解释每一行代码

显示。我建议先**在**Jupyter　　　　　Notebook
中运行代码，因为您不需要任何额外的步骤来加载任何所需的库。最新版本的
Spyder

170

需要额外的步骤来上传所需的库，在我看来，这可能会非常令人困惑，尤其是对初学者来说。请参阅以下 Spyder 网站了解说明：

https://docs.spyder-ide.org/5/faq.html#using-packages-installer

```python
import numpy as np # python package for arrays and operations
import pandas as pd # python package for data processing
from keras.preprocessing.text import Tokenizer
from keras.preprocessing.sequence import pad_sequences
from keras.models import Sequential
from keras.layers import Dense, Embedding, LSTM, SpatialDropout1D
from sklearn.model_selection import train_test_split
import re


# Read the CSV file into the program from the proper location
# (directory) in your computer


data = pd.read_csv('C:/AI/book reviews.csv',encoding = "ISO-8859-1")

# Keeping only the neccessary columns. Take the name and date
#columns away since we are only trying to predict a type of
#sentiment with a bunch of text (We are not using dates or names
#to predict the type of sentiment. Note double brackets on each
#side because "sentiment" and "text" are columns. If they were
#rows we would use a single bracket.

data = data[['sentiment', 'text']]

#show the DataFrame called "data" before cleaning it

print(data)
```

创建用于二进制输出分类的前馈人工神经网络

```
#Get rid of the rows that show the sentiment as "Neutral"
#reviews. Note  single bracket on each side is used because
#"Neutral" is a row. If  they were rows we would use a single
#bracket. If it were a column then  we would use double brackets
#on each side as we did in the previous  line above

data = data[data.sentiment != "Neutral"]


#The following couple of lines are known as "cleaning the data"


#remove special characters
data['text'] = data['text'].apply((lambda x: re.sub\

('[^a-zA-Z0-9\s]','',x)))


#Change all letters of the words in each review to lower case
data['text'] = data['text'].apply(lambda x: x.lower())


#show the DataFrame called "data" after cleaning it
print(data)


max_words = 10000

tokenizer = Tokenizer(num_words=max_words, split=' ')

# create a vocabulary for the words in the texts assigning each
#word a number. In Essence this creates a word index "dictionary"

tokenizer.fit_on_texts(data['text'].values)


#the following two lines show each word in the texts and the
#number that tokenizer assigns it

words = tokenizer.word_index
```

```
print(words)


# take each word in each text entry and replace it with its
#corresponding integer value from the word_index dictionary. In
#other words represent each review as a series of numbers
X = tokenizer.texts_to_sequences(data['text'].values)
#Pads putting zeros from the beginning by default unless you
#specify
X = pad_sequences(X)


model = Sequential()
model.add(Embedding(max_words, 20,input_length = X.shape[1]))
model.add(SpatialDropout1D(0.2))
model.add(LSTM(200, dropout=0.1))
model.add(Dense(2,activation='softmax'))
model.compile(loss = 'categorical_crossentropy',
optimizer='adam',metrics = ['accuracy'])
print(model.summary())


# create a two column dummy variable using the data in the
# sentiment column of the DataFrame named "data"
pd.get_dummies(data, columns=['sentiment'])


#Assign the two column dummy variables to a numpy array
#named Y
Y = pd.get_dummies(data['sentiment']).values
```

```
#show what the dummy variables look like representing each
#sentiment #(i.e. 1,0 means negative and 0,1 means positive)

#show that Y has two columns

print(Y)


X_train, X_test, Y_train, Y_test = train_test_split(X,Y,\
test_size = 0.25, random_state = 54)




#Show how many rows and how many columns are in the numpy arrays
#X_train, Y_train, X_test and Y_test. Obtaining the "shape" means

#obtaining the number of rows and number of columns of each array

print(X_train.shape,Y_train.shape)

print(X_test.shape,Y_test.shape)




model.fit(X_train, Y_train, epochs = 10, batch_size=5, verbose\
 = 2, validation_split=0.2)

score = model.evaluate(X_test, Y_test, verbose =1)

print("Loss:", score[0])

print("Accuracy:", score[1])




#Test the neural networks ability to predict a sentiment by
#creating #and entering a review using the lines below
```

```
review = [' It bored me.']
#vectorizing the review by the pre-fitted tokenizer instance
review = tokenizer.texts_to_sequences(review)
#padding the list to have exactly the same shape as embedded
#layer input
review = pad_sequences(review, maxlen=10, dtype='int32', value=0)
sentiment = model.predict(review,batch_size=1,verbose = 2)[0]
if(np.argmax(sentiment) == 0):
    print("This is a negative review.")
elif (np.argmax(sentiment) == 1):
    print("This is a positive review.")
```

创建用于二进制输出分类的前馈人工神经网络

解释每一行代码

```
1 import numpy as np # python package for arrays and operations
2 import pandas as pd # python package for data processing
3 from keras.preprocessing.text import Tokenizer
4 from keras.preprocessing.sequence import pad_sequences
5 from keras.models import Sequential
6 from keras.layers import Dense, Embedding, LSTM,\
  SpatialDropout1D
7 from sklearn.model_selection import train_test_split
8 import re
```

第 1 行到第 8 行导入所需的库，从中提取用于创建神经网络的代码。第 1 行导入 numpy库并将其表示为"np"，**因此在其余代**码中编写它比编写"numpy"**更容易。** 此库具有用于数组和数组操作的函数。例如，您稍后会看到我们调用 np.argmax **函数来**检索最高值**的索引**。请注意，它是如何使用表达式 np.argmax **中的点** (.) **运算符从** np 库中调用的。

在第2行中，我们导入了pandas 库，再次缩写它，以便在后面的代码中调用它时使用更少的字母来编写它。我们将 其缩写为"pd"。**pandas（或pd）模块**/**库是一个** python包含处理数据处理的函数的包。例如，您将请注意，我们访问

read_csv函数来自 pandas稍后在代码中使用以下表达式：pd.read_csv。这用于将CSV 文件加载到程序中。我们还可以从   pandas   访问   get_dummies 函数，稍后我将对此进行解释。

行用于导入"Tokenizer"类。请注意大写的"T"。此类包含允许我们将文本表示为数字的函数。我将在后面详细解释这一点。

第 4 行导入将数据输入神经网络所需的 pad_sequences 函数。

第5行导入"Sequential"
模型是一种用于创建神经网络的方法，其中一层建立在前一层的基础上。

第6行用于导入用于构建神经网络的类。SpatialDropout1D
类用于"丢弃"神经网络中的神经元及其功能，以避免"过度拟合"。我在上一章中描述了这个过程，稍后在代码中看到它时会详细说明。

在第 7 行，我们导入了 train_test_split
函数，该函数用于将数据数组拆分为两个子集，一个用于训练数据，一个用于测试数据。我们从 Sklearn（或 Scikit-
learn）库导入它。该库提供各种数据处理函数，可用于分类、聚类和模型选择。

学习 Sklearn、Pandas 和 Numpy
库中的函数至少需要一本书。在本章中描述代码时，我们只是触及了表面。要了解有关这些库及其功能的更多信息，需要阅读其他书籍和/或进行互联网研究。

第 8
行导入"re"模块。此模块中的函数可让您检查某个文本字符串是否与给定的正则表达式匹配。这很方便，因为我们稍后会看到，当我们想要删除所谓的特殊字符（如"#"）时，这些字符对于确定评论是负面还是正面没有任何作用。正则表达式是用作搜索过滤器的字符序列。

```
9 data = pd.read_csv('C:/AI/book reviews.csv',encoding =\
   "ISO-8859-1")
```

第　　　9　　　行使用　　　read_csv　　　函数导入我们创建的　　　CSV 文件，其中包含评论及其匹配的情绪标签"负面"、"正面"或"中性"，以及日期和名称（参见图　6.1）。请注意括号内的路径：　*C:/AI/book　reviews.csv.* 这是您之前保存 CSV 文件的位置。它位于 C 盘中名为"AI"的文件夹中。这告诉 Python 在哪里检索 CSV 文件。如果我们使用 Google Colab 或其他基于 Web 的 IDE（位于服务器上而不是计算机上的 IDE），我们将无法使用此代码检索 CSV 文件。有一个使用 Google Colab 和其他基于 Web 的 IDE 上传文件的过程（请参阅本书末尾的附录 B）。

编码在括号中用代码指定：encoding　　　=　　　"ISO-8859-1"。Unicode 标准描述了字符如何通过代码点表示。代码点是一个整数值，通常以　　　16 为基数表示。将　　　　　　　　　　　　　　　　　　Unicode 字符串表示为字节字符串称为编码。例如，中文使用所谓的 GBK 或 GB2312 编码，而英语使用　　　　　　　　　UTF-8　　　和　　　ISO　　　8859-1。编码只是表示一组特定字母或字符的方式。对"encoding"的参数调用允许您指定读取文件时要使用的编码。为了正确读取，在调用函数　　　pd.read_csv 时应在括号中传递编码类型。由于我们正在处理用英文撰写的评论，因此我们将使用ISO8859-1。还请再次注意，由于空间不足，第9 行溢出到下一行，因此我在等号后使用了反斜杠运算符 (\)，以便在下一行继续执行同一命令的代码。编写代码时可能不需要这样做，因为大多数 IDE 都有足够的空间来容纳整行。

请注意，在将 CSV 文件读入程序后的第　9　行，会从 CSV 文件创建 pandas"DataFrame"。这就是Python 的魅力所在。我们不需要像在其他计算机语言中通常做的那样声明"DataFrame" 对象。通过使用 pandas 库中的 read_csv 函数，我们创建了一个 pandas DataFrame 并将 CSV 文件读入程序，只需一步/一行代码。您可以通过在第　9 行之后键入命令：type(data)并突出显示从第1 行到此命令的整个程序，然后从"运行"菜单中选择"运行选择或当前行"（如果您使用的是 Spyder IDE），来测试"数据"对象的类型。这将为您提供以下内容输出：pandas.core.frame.DataFrame. 这基本上是在告诉你

"data" 是一个 pandas DataFrame。Pandas DataFrame 基本上是一个包含二维数据（具有行和带标签的列的数据）的结构。每列可以包含不同类型的数据。例如，一列可以包含文本，另一列可以包含整数。DataFrame

基本上看起来像图 6.2 中的 excel
电子表格，但现在可以使用几个不同的函数，因为它是一个"pandas"DataFrame
，正如我们将在下面的代码中看到的那样。

```
10 data = data[['sentiment', 'text']]
```

现在，CSV 文件已被读入数据帧
DataFrame，其中某些列对我们没有用处。请参见下面再次部分显示的图 6.1。

date	name	sentiment	text				
10/1/2020	Bob	Neutral	It was ok. Few good parts.				
10/20/2020	Jeff	Negative	I was bored to tears. I could not read anymore.				
12/3/2020	Mary	Negative	The book was bad. I was really bored.				
12/4/2020	Julio	Negative	One of the worst books I ever read.				

你会注意到，如果我们试图创建一个神经网络来输出给定评论（文本）的情绪类型
，那么**"日期"和"名称"列中的信息**实际上毫无用处。记住我们的目标。我们试图创
建一个神经网络，当

创建用于二进制输出分类的前馈人工神经网络

给定一条评论，会将其归类为正面评论或负面评论。或者我们可以说我们的目标是希望软件能够理解或领会这条评论。日期和名称在其他类型的分析中可能有用，但对这一种分析来说却不是。因此，第 10 行用于让 DataFrame 仅包含"情绪"和"文本"列，这正是我们实现目标所需要的。第 10 行告诉 python，名为"数据"的 DataFrame 等于只有两列"情绪"和"文本"的名为"数据"的 DataFrame。

正如您在阅读本章开头的程序完整代码时在评论部分中所说的那样，两边使用双括号，因为**"情绪"**和**"文本"是列。如果我们**想删除行，我们会在两边使用一个括号。

```
11 print(data)
```

第　11　行将打印出新的　DataFrame。我添加这行代码是为了向您证明新的 DataFrame现在只包含"情绪"列和"文本"列。请记住，"文本"是评论。它被命名为"文本"而不是"评论"，因为我不想让您误以为它是积极、消极或中性的情绪。图 6.4　显示了新编辑的　DataFrame　的前　7　行。请记住，DataFrame　从第　0 行**开始，因此下面**显示的是 7 行，而不是 6 行。

Figure 6.4

	sentiment	text
0	Neutral	It was ok. Few good parts.
1	Negative	I was bored to tears. I could not read anymore.
2	Negative	The book was bad. I was really bored.
3	Negative	One of the worst books I ever read.
4	Neutral	Nothing really exciting.

| 5 | Positive | I loved it ! |
| 6 | Negative | # I hated it. |

还请注意，文本列中有一个特殊字符，即   #
符号，并且还包含大写字母和标点符号。我希望您在我们稍后将要使用的代码行"
清理"文本之前，先注意一下文本的外观。

```
12 data = data[data.sentiment != "Neutral"]
```

在上面的第12
行中，我们删除了所有包含"中立"情绪的行，因为我们的目标是检测正面或负面评
论，而不是中立评论。第 12 行显示我们再次使用等号将已编辑的 DataFrame
分配给名为"data"的 DataFrame。这次我们说名为"data"的 DataFrame
等于名为data的
DataFrame，其中删除了包含"中立"情绪的任何行。两边各使用一个括号，因为
我们要删除所有包含"中立"情绪的行。如果我们想删除一列或多列，那么我们会像
第10行一样在两边使用双括号。运算符!=
表示保留情绪列中所有"不等于""中立"的行，并删除其余行。换句话说，只保留不
包含单词"中立"的行。这样我们就删除了所有中立评论。再次注意，点（.）运算
符用于从名为"数据"的 DataFrame 访问情绪列。

```
13 data['text'] = data['text'].apply((lambda x: re.sub\
   ('[^a-zA-Z0-9\s]','',x)))
```

第   13
行执行所谓的"清理"数据操作。我们不希望评论/文本包含任何特殊字符，因为它

创建用于二进制输出分类的前馈人工神经网络

们实际上不会表明评论是正面的还是负面的。我们也不想要标点符号。句号或问号不会表明评论是正面的还是负面的。您可能认为感叹号表示兴奋或强烈的感觉，可能在情绪分析中很有用。然而，感叹号既可用于正面评论，也可用于负面评论。所以它真的会混淆整个过程。这个应用程序的全部目的是让您的计算机"理解"文本。所以我们将文本中除单词以外的所有内容。第13

行表示，在对文本应用函数后，名为"data"的DataFrame

中名为"text"的列等于名为"data"的DataFrame

中名为"text"的列。使用单括号而不是双括号的原因是，单括号将"text"列变成一个称为"pandas

series"的数据结构，它只是一个一维标记数组。然后我们可以对它应用一个函数。我们仍然可以将这个数组视为DataFrame

中名为"data"的列。应用于名为"text"的列的函数称为 lambda 函数。在 python 中，lambda 函数是一个声明但没有名称的单行函数。通常使用 def 关键字定义和命名函数。lambda

函数可以有任意数量的参数，并且只能有一个表达式。函数的参数是它包含的变量。例如，在清单 6.1 中，以下函数在第 1 行使用 def 关键字定义，并将名为"name"的变量作为参数。当像第 3 行那样调用函数时，该函数将使用括号中提供的名称打印"Hello"。输出如下所示。

Listing 6.1

```
1. def Greeting_function(name):
2.     print("Hello" + name)
3. Greeting_function("Joe")
```

Output:

Hello Joe

在应用于名为"text"的列的lambda
函数中，名为"x"的变量是参数。此"x"表示"text"列中包含的文本。lambda
函数包含表达式"[^a-zA-Z0-9\s]"。^
符号表示表达式中的"不"。因此，任何不是小写 a 到 z 或大写 A 到 Z（或数字 0 到
9）且后跟空格字符（标点符号中很常见）的字符都将被替换为""（空格）。请注意，两个双引号之间没有任何内容，因此在文本列中遇到的任何非字母数字字符都将被替换为空格。

lambda　　　　函数正在使用　　　　re.sub()　　　　函数。在　　　　re.sub()
中，正则表达式模式是第一个参数。在我们的例子中，它是"^a-zA-Z0-9\s"。第二个参数是将替换正则表达式的新字符串。在我们的例子中，这是第 13 行中显示为""的空格。re.sub()的第三个也是最后一个参数是要处理的字符串。在我们的例子中，它显示为"x"，表示位于名为"text"的列中的文本。总而言之，lambda 函数正在使用 re.sub() 函数，该函数将任何非小写 a 到 z（或大写 A 到 Z）的字符替换为空格。所以本质上我们要去掉任何特殊字符或标点符号。请注意，re.sub()
中的"re"表示"正则表达式"。在我们的例子中，正则表达式模式在第一个参数中（任何非字母字符）。我们正在寻找与此正则表达式模式匹配的字符，以便我们可以将其替换为空格。你可能还记得，re 是我们在第 8 行导入的一个模块，它包含 *sub* 用空格替换非字母数字字符的函数。

```
14 data['text'] = data['text'].apply(lambda x: x.lower())
```

在第 14 行，我们再次使用 lambda 函数，但这次 lambda 函数使用的是"lower()"函数，它将"text"列中的所有字母更改为小写。请注意，第

创建用于二进制输出分类的前馈人工神经网络

13　　行和第14　　行的"apply"都是用于调用 lambda
函数的函数。我们将所有字符更改为小写的原因是我们不应该允许单词以大写字母开头

影响我们的预测。我们在这里寻找单词含义，并希望将单词与正面或负面评论联系起来。单词是否以大写字母开头对我们的预测并不重要。我可以轻松地将所有字母改为大写，这样字母的大小写就不会影响我们网络的输出。

```
15 print(data)
```

我添加了第 15 行，以便您可以看到 DataFrame
中名为"数据"的文本列在"清理"后的样子。此行将打印出
DataFrame。您应该注意到所有字母都是小写的，并且没有特殊字符或标点符号
。

```
16 max_words = 10000
17 tokenizer = Tokenizer(num_words=max_words, split=' ')
# create a vocabulary for the words in the texts assigning each
#word a number. In Essence this creates a word index "dictionary"
18 tokenizer.fit_on_texts(data['text'].values)
```

第16行有一个名为"max_words"的变量，其值为
10,000。直到看到后面几行，我们才知道这个变量的重要性。

第17行创建一个名为"tokenizer"的Tokenizer
对象。该对象创建并声明一种字典类型，其中最大单词数为"max_words"（在我们的例子中为
10,000）。这是我们词汇表的最大大小。"split"变量等于一个空格（单引号之间有一个空格），这告诉我们，当tokenizer
创建字典时，空格用于区分单词（空格用于分隔单词）。如果是这样的话，我可以很容易地说逗号用于分隔每个单词。

第18行将"text"列中的单词放入我们的Tokenizer
对象中。通过这样做，我们正在帮助创建一个单词词典，每个单词都分配有相应的数字。我们为什么要这样做？计算机使用数字而不是文本进行分析，因此为了分析神经网络中的单词并将单词与适当的情绪（积极或消极）关联起来，我们需要首先将评论中的单词转换为数字。tokenizer
对象就是这么做的。数字是根据单词在整个文本列**中出**现的频率分配的。也就是说，出现频率最高的单词分配较低的数字，出现频率较低的单词分配较高的数字。总之，**第18行正在从**DataFrame
的文本列中的所有评论中创建一个单词词典，并为其分配相应的数字。这本词典中的最大单词数为 10,000。

再次，我想明确说明第 17 行至第 18 行**的含**义。第 17 行创建了一个 Tokenizer
对象，该对象将在第18
行中用于为每个单词分配一个整数（每个整数是词典中标记的索引）。请记住，第
17　　　行仅创建了一个通用的　　　　　Tokenizer　　　对象，但第　　　18
行实际上为"文本"列中列出的所有评论中的单词分配了数字。换句话说，第　　18
行将 Tokenizer 应用于文本列中的所有单词。

```
19 words = tokenizer.word_index
```

第 19 行将把我们对单词进行数字赋值的结果放入一个名为 "words."

下面第 20 行将打印出这本字典。

```
20 print(words)
```

如果您运行所有代码直到第 20 **行，**您应该看到下面清单 6.2 **中的**输出。

创建用于二进制输出分类的前馈人工神经网络

Listing 6.2

```
{'i': 1, 'it': 2, 'the': 3, 'read': 4, 'loved': 5, 'a': 6, 'was': 7,
'bored': 8, 'of': 9, 'worst': 10, 'books': 11, 'book': 12, 'bad': 13,
'really': 14, 'one': 15, 'ever': 16, 'real': 17, 'to': 18, 'tears': 19,
'could': 20, 'not': 21, 'anymore': 22, 'hated': 23, ' disappointment':
24, 'me': 25, 'liked': 26, 'lot': 27, 'enjoyed': 28, 'excellent': 29,
'boring': 30, 'so': 31, 'much': 32, 'absolute': 33, 'thrill': 34,
'waste': 35, 'money': 36, 'please': 37, 'write': 38, 'more': 39,
'best': 40, 'ive': 41}
```

请注意，我们的"词典"中的每个单词都有相应的编号或"索引"，该编号或"索引"基于该单词在所有评论（我们名为"文本"的列中的所有文本）中出现的频率。

例如，在上面的清单 6.2 中，单词的索引 "it" 是 2. 它的数字相对较小，因为"it" 在"文本"栏中显示的评论中，该词出现的频率较高。"best" 被分配了 40 这个数字，这是一个相对较高的数字，因为"best"
在文本列中出现的频率较低。在Python
中，字典是用于以键：值对形式存储数据值的数据结构。从清单6.2
中可以看到，每个键都是一个单词，每个值都是一个整数。

```
# take each word in each text entry and replace it with its
#corresponding integer value from the word_index
#dictionary. In other words, represent each review as a
#series of numbers and enter it into an array called X

21 X = tokenizer.texts_to_sequences(data['text'].values)

#Pads putting zeros from the beginning by default unless
#you specify

22 X = pad_sequences(X)
```

第21行将根据我们在第19行创建的字典将每条评论转换为整数序列。每个序列都将是数组"X"。例如，如果第一条评论是"我喜欢它"，那么第 21 行会将其转换为 (1,5,2)，并将其放在零索引处的数组"X"中（数组中的第一个索引是 0，而不是

1）。**数字** 1 对应于单词"I"，5 对应于单词"loved"，2 对应于"it"（请参阅**清单** 6.2 **中的**词典）。

texts_to_sequences
函数将组成特定评论的一组单词转换为一组整数，每个整数对应一个特定的单词。运行第   21
行后，"X"**将包含与**评论数量相同的"**整数组**"。**但是**，**每个**组的长度取决于评论中有多少个单词。例如，在评论中 "I loved it" 有 3 个单词，所以该组的长度为 3。对于复习 "One of the best books I've read" 有 7 个单词，所以长度为 7。我们需要使每个组的长度相同，因为当我们将每个组（一次一个）输入到我们的神经网络中时，我们需要创建一个可以容纳一定长度的输入层。换句话说，我们不能根据输入的不同大小不断改变输入层的大小。我们使所有数组具有统一长度/大小的方法是通过填充。填充将确保每个组都与最长的评论一样大。这将使所有组具有相同的大小。填充通过在每个组前面放置零来实现这一点。除非我们指定将它们放在后面，否则它会默认将它们放在前面。这正是函数 pad_sequences(X) 在第22行中执行此操作。此函数的参数是名为X
的数组，其中包含大小各异的组。从技术上讲，每个"组"实际上是一个数组，因此我们可以将 X 视为"数组的数组"，而不是"包含组的数组"。

如果我们在第22行之前运行代码"print(X)"（在我们用零填充数组之前），我们会收到清单 6.3 中的输出

Listing 6.3

```
[[1, 7, 8, 18, 19, 1, 20, 21, 4, 22], [3, 12, 7, 13, 1, 7, 14, 8], [15, 9, 3, 10, 11, 1, 16, 4], [1, 5, 2], [1, 23, 2], [14, 13], [6, 17, 24], [2, 8, 25], [1, 26, 2, 6, 27], [3, 10], [1, 28, 2, 1, 5, 2], [29], [30], [1, 5, 2, 31, 32], [3, 33, 10, 12, 1, 16, 4], [6, 17, 34, 5, 2], [6, 35, 9, 36], [37, 38, 39, 11], [15, 9, 3, 40, 11, 41, 4]]
```

创建用于二进制输出分类的前馈人工神经网络

请注意，每个数组（在较大的数组内）都由其自己的一组括号分隔。换句话说，对应于评论"我讨厌它"的第五个数组 [1,23,2]

是较大的数组中的一个数组，我们称之为"X"，其中包含所有数组。我们实际上会将此数组称为索引 4 中的数组，因为我们从零开始计数数组。

在我们运行第 22 行中的填充函数后，X 看起来像清单 6.4。

Listing 6.4

```
[[ 1   7   8 18 19   1 20 21   4 22]
 [ 0   0   3 12   7 13   1   7 14   8]
 [ 0   0 15   9   3 10 11   1 16   4]
 [ 0   0   0   0   0   0   0   1   5   2]
 [ 0   0   0   0   0   0   0   1 23   2]
 [ 0   0   0   0   0   0   0   0 14 13]
 [ 0   0   0   0   0   0   0   6 17 24]
 [ 0   0   0   0   0   0   0   2   8 25]
 [ 0   0   0   0   0   1 26   2   6 27]
 [ 0   0   0   0   0   0   0   0   3 10]
 [ 0   0   0   0   1 28   2   1   5   2]
 [ 0   0   0   0   0   0   0   0   0 29]
 [ 0   0   0   0   0   0   0   0   0 30]
 [ 0   0   0   0   0   1   5   2 31 32]
 [ 0   0   0   3 33 10 12   1 16   4]
 [ 0   0   0   0   0   6 17 34   5   2]
 [ 0   0   0   0   0   0   6 35   9 36]
 [ 0   0   0   0   0   0 37 38 39 11]
 [ 0   0   0 15   9   3 40 11 41   4]]
```

请注意，现在较大的二维数组（**X**）**中的每个一维数组**的大小都是相同的，因为我们在每个数组的前面添加了零。

```
23 model = Sequential()
24 model.add(Embedding(max_words, 20,input_length =\
   X.shape[1]))
25 model.add(SpatialDropout1D(0.2))
26 model.add(LSTM(200, dropout=0.1))
27 model.add(Dense(2,activation='softmax'))
28 model.compile(loss = 'categorical_crossentropy',\
   optimizer='adam',metrics = ['accuracy'])
```

第 23 行至第 28 行创建了我们的神经网络模型。第 23 行创建了一个顺序模型的实例并将其命名为"model"。回想一下，这是一个我们可以轻松地按顺序向网络添加层的模型。请注意，第 24 **行使用反斜杠 （\)来**继续下一行。第24
行向我们的网络添加了一个嵌入层。嵌入层是神经网络的第一个隐藏层。它包含 3 **个参数**：

input_dim:
这是我们先前创建词典的文本数据中词汇表的单词数 (**在我**们的例子中为 10,000).

output_dim: 这是每个评论的嵌入层输出数组的大小。在本例中，我选择了 20。**但**这个数字可以更改。

input_length: 这是每个评论进入嵌入层的每个数组的大小。回想一下，我们在第 22 **行使用填充函数使每个数**组的大小相同。我们可以从清单 6.4 **中看到**

创建用于二进制输出分类的前馈人工神经网络

每个数组的大小为 10。因此在我们的示例中，input_length = X.shape[1] 为
10，请注意括号中的"1"。这指的是X
数组的第二个维度。我们可以将其视为每个数组中的列数或整数数。这个数字是
10。如果括号内为零，则这将指的是 X 的行数，即 19，如清单 6.4 所示。

单词在数组中的位置称为其"嵌入"。为了使用嵌入层，每个单词必须用一个数字来
表示，我们之前使用 Tokenizer 班级。

在训练神经网络之前，嵌入层会用随机权重进行初始化。训练后，它将学习训练数
据集中所有单词的嵌入。它将利用这些知识来确定哪些评论是正面评论或负面评论
。

第25行添加了一个SpatialDropout1D
层。它执行的功能与我们在前面章节中讨论过的Dropout
相同。但是，此版本会在所有数组中的某个位置丢弃整数，而不是仅丢弃单个元素
。例如，在输入我们在清单 6.4 中看到的训练数据时，也许会丢弃每行的第 7
个元素。您会记得，在训练期间，dropout
层会在每个步骤中以一定频率随机将输入单元设置为
0。这有助于防止过度拟合（即模型仅在训练数据上表现良好，而不是在新数据上
表现良好）。我们希望我们的模型在输入的任何数据（评论）上都能表现良好。第
25 行向我们展示了这种 dropout 将在 20% 的时间内发生。

第 26 行添加了一个长短期记忆层 (LSTM)。长短期记忆 (LSTM)
网络是一种循环神经网络，能够学习序列问题中的顺序依赖性。这对自然语言处理
很有帮助。此层中有 200 个神经元。随后是 10% 的丢弃率（即在训练期间 200
个神经元中有 10% 会被丢弃）。这意味着将随机选择 200 X 10% 或 20
个神经元并将其丢弃。

```
27 model.add(Dense(2,activation='softmax'))
```

第 27 行添加了一个具有两个神经元的 Dense 层。Dense 层是"**深度连接**"的神经网络层。这意味着Dense 层中的每个神经元都从前一层（即第26行创建的LSTM 层）的所有神经元接收输入。第二个参数指定激活函数是softmax 激活函数。回想一下，将激活函数添加到神经网络是为了帮助网络从输入数据中学习。softmax激活函数用于输出层以输出概率分布。我们将看到这些概率分布将用于确定评论是正面的还是负面的。

```
28 model.compile(loss = 'categorical_crossentropy',\
   optimizer='adam',metrics = ['accuracy'])
```

第28行编译模型，这意味着它将Python 转换为计算机可以理解的机器代码，从而可以执行程序。编译函数的参数定义了神经网络输出的损失函数、优化器和指标。"categorical_crossentropy"是一种损失函数，用于所谓的多类分类模型，其中有两个或多个输出标签。在我们的示例中，两个输出"标签"将是输入评论为负面的概率和输入评论为正面的概率。

这个损失函数会告诉你模型的预测有多错误。Adam 是一种优化算法，用于根据我们在输入层输入到模型中的数据来更新权重/参数。行："metrics=['accuracy'])"使模型能够通过将预测与实际 Y 值（在我们的例子中是负面或正面评论类型）进行比较来计算所有预测的准确率。

```
29 print(model.summary())
```

第 29 行打印模型的摘要。请注意如何使用句点访问摘要函数。这将给出图 6.5 中的以下输出。

创建用于二进制输出分类的前馈人工神经网络

Figure 6.5

图层（类型）	输出形状	范围　#
embedding_2 (Embedding)	(None, 10, 20)	200000
spatial_dropout1d_2 (Spatial	(None, 10, 20)	0
lstm_2 (LSTM)	(None, 200)	176800
dense_2 (Dense)	(None, 2)	402

观察图 6.5 中输出的第一行上的嵌入层。查看"输出形状"列。请注意，10 **是清**单6.4

中每行的数字数量。回想一下， 在我们将每个单词转换为数字后，每一行代表名为"**数据"的**DataFrame**中的每个**评论。清单6.4

中的每一行都是我们的输入数据。20

是嵌入层输出数组的大小。术语"**无"表示此**维度是变量（变化）。这将是批量大小。Keras

模型中的第一个维度是批量大小。回想一下，批量大小是我们在更新网络权重之前 输入的行数。在我们的示例中，批量大小将是清单6.4

中看到的行数，我们在更新权重之前将其输入网络（以训练网络）。这是我们在第 1 章中深入解释的过程。"**参数#"列**显示为每个层训练的权重数量。

注意以下关于如何 *model*对象访问 *summary* f在第 29 **行上执行。应用程序编程接口(API) 是一个框架，您可以使用函数、方法和类来构建程序。请注意，第5**

行的"模型"API 来自 keras。Keras 是一个神经网络 API对于 Python。然后在第 5 行，Sequential 类来自 *models* API. 然后在第 23 行，从 Sequential 类创建了一个名为"model"的对象。因此，名为"model"的对象通过 Sequential 类继承了"models"API的所有方法（或函数），包括 *summary*方法。对象是编程语言的基本构建块。整数、字符串、数组和 DataFrame都是对象。Python 中的几乎所有东西都是对象。类就像创建对象的蓝图。对象从类中获取变量和函数。这称为继承和面向对象编程。

```
30 pd.get_dummies(data, columns=['sentiment'])
```

第 30 行使用 DataFrame 中名为"data"的情绪列中的数据创建一个两列虚拟变量。它是一个两列虚拟变量，因为有两种情绪，要么是积极的，要么是消极的。换句话说，每个评论会有两列，根据"1"的位置，这将告诉我们评论是正面的还是负面的。例如，第一列 [1,0] 中的 1 将告诉我们评论是负面的。第二列 [0,1] 中的 1 将告诉我们评论是正面的。您可能想知道为什么第一列中的 1 是负面的而不是正面的。这是因为评论类型是按字母顺序分配的（"n"表示负面，在"p"表示正面之前）).

```
31 Y = pd.get_dummies(data['sentiment']).values
```

第 31 行将两列虚拟变量的值分配给名为 Y 的 numpy 数组。我们需要这样做才能用它来训练网络，我们很快就会看到。

```
32 print(Y)
```

第 32 行显示了 Y 数组的样子。它看起来像清单 6.5：

Listing 6.5

```
[[1 0]
 [1 0]
 [1 0]
 [0 1]
 [1 0]
 [1 0]
 [1 0]
 [1 0]
 [0 1]
 [1 0]
 [0 1]
 [0 1]
 [1 0]
 [0 1]
 [1 0]
 [0 1]
 [1 0]
 [0 1]
 [0 1]]
```

如果你输入并运行以下代码：print(data)，你会看到下面清单6.5
中的输出。这是名为"data"的
DataFrame。你可以看到，**每个**对应行的情绪与清单6.4中**每个**对应行中虚拟变
量显示的情绪相匹配。例如，清单6.5 中的第一行有一个负情绪。如果你观察清单
6.4 中的第一行，你会看到 [1 0]，这意味着"消极"，因为"1"在第一列。清单 6.5
中的第四行有一个积极情绪。你可以看到这对应于清单6.4
中的第四行，因为第二位/列中的"1"对应于"积极"[0 1]。

Listing 6.5

	sentiment	text
1	Negative	i was bored to tears i could not read anymore
2	Negative	the book was bad i was really bored
3	Negative	one of the worst books i ever read
4	Positive	i loved it
5	Negative	i hated it
6	Negative	really bad
7	Negative	a real disappointment
8	Negative	it bored me
9	Positive	i liked it a lot
10	Negative	the worst
11	Positive	i enjoyed it i loved it
12	Positive	excellent
13	Negative	boring
14	Positive	i loved it so much
15	Negative	the absolute worst book i ever read
16	Positive	a real thrill loved it
17	Negative	a waste of money
18	Positive	please write more books
19	Positive	one of the best books ive read

```
33  X_train, X_test, Y_train, Y_test = train_test_split\
    (X,Y, test_size = 0.25, random_state = 54)
```

创建用于二进制输出分类的前馈人工神经网络

第 33 行调用了我们在前面章节中见过的 train_test_split 函数。此函数来自 sklearn

库，我们在代码的第一行中已将其导入。为了训练我们的模型并评估其准确性，我们需要将 X 和 Y 数组中的数据分为训练集和测试集。训练集标记为 X_train 和 Y_train。测试集标记为 X_test 和 Y_test。第 33 行显示名为 train_test_split 的函数使用 X 和 Y 数组中的数据完成此操作。第 33 行还显示，数组中的 0.25 或25%的数据将用于测试网络的准确性。因此，余下的75%

将用于训练网络。明确地说，X数组变成了两个数组，X_train和 X_test。类似地，Y数组变成了两个数组，Y_train 和 Y_test。稍后，我们将使用 X_train和Y_train来训练网络。然后我们将使用X_test和Y_test来测试或评估网络的预测/分类能力。

接下来我们需要为名为"random_state"的变量指定一个数字。如果你没有在代码中指定random_state，那么每次运行（执行）代码时都会生成一个新的随机值，并且训练和测试数据集每次都会具有不同的值。但是，如果分配了一个固定值，如 random_state=54

或任何其他整数，那么无论执行代码多少次，结果都是相同的，即训练和测试数据集中的值相同。random_state参数用于初始化内部随机数生成器，它将决定将数据分成训练组和测试组。当你想在不同场合运行代码以向其他人展示最初运行代码的结果时，这很有用。

```
34 print(X_train.shape,Y_train.shape)

35 print(X_test.shape,Y_test.shape)
```

第 34 行显示了 numpy 数组 X_train 和 Y_train 中有多少行和多少列。获取"形状"意味着获取每个数组的行数和列数。如果我们运行代码，我们将看到：(14, 10) (14, 2)，这意味着 X_train 数组有 14 行 10 列，Y_train 数组有 14 行 2 列。这是有道理的，因为回想一下第 33 行，我们看到训练规模为 75%，而清单 6.5 中显示的 19 行的 75% 大约为 14 行（.75 X 19 = 14.25）。X train 中的列数为 10。您可以在清单 6.4 中看到这一点。每个输入的数组由 10 个整数组成，因此构成了 10 列。Y_train 也将有 14 行。如果我们计算清单 6.5 中 Y 的行数，我们会看到 19。19 的 75%

再次约为 14 行。您还会注意到清单 6.5 **中的 Y 由两列**组成，因此输出 (14, 2) **是** Y_train.shape。

第 35 行的功能与第 34 行相同，只是现在有了 X_test **和** Y_test。输出将是：(5, 10) (5, 2)。这是有道理的，因为对于 X_test **和** Y_test **来说，**剩余的行将是 5，因为 19 **减** 14 **等于** 5。**因此，将使用** 5 行来测试网络。对 (5, 10) **指的是** X_test，它由 5 行组成，每行 10 **个整数。**对 (5, 2) **指的是** Y_test，它由 5 行组成，每行 2 **个整数。回想一下，**这两个整数可以是 1 **或** 0，它们的位置表示正面或负面评论。

```
36 model.fit(X_train, Y_train, epochs = 10, batch_size=5,\
   verbose = 2, validation_split=0.2)
```

第36行中的fit 函数将使用 X_train 和 Y_train 中的训练数据来训练模型。将使用 10 个 epoch，这意味着将 14 个数组的整个训练数据集输入网络 10 次以对其进行训练。批处理大小为 5 意味着**每次将** 5 个数组或 5 行数据（来自清单 6.4）输入网络时，网络的权重都会更新。运行第 36 行时，参数"verbose=2"将显示 epoch 的数量（在我们的例子中从 1 到 10）。

validation_split
是训练数据中用作验证数据的部分。模型将把这部分训练数据分开，不会用它来训练网络。相反，它将在每个时期结束时评估这些数据的误差（它将这些数据上的网络输出与 Y_train 数组中的相应数量进行比较）。验证数据是从 X_train 和 Y_train 数组的最后一行中选择的。在我们的示例中，X_train 数组的 20% 或 0.2 不用于训练模型。它用于评估特定 20% 的 X 的误差。您可以将其视为一个小型测试数据集。因此，您可以看到我们在训练模型后对其进行测试，然后在第 37 行再次对其进行测试。第 36 行中的这个"验证步骤"在技术上可以跳过，因为我们无论如何都会在第 37 行测试模型。我添加它是为了在您遇到其他神经网络模型/示例中时向您展示。

```
37 score = model.evaluate(X_test, Y_test, verbose =1)
```

```
38 print("Loss:", score[0])
39 print("Accuracy:", score[1])
```

在第 37 行中，我们调用 *evaluate* 函数从模型中评估模型的准确性。"verbose = 1"表示当测试数据（X_test 和 Y_test）测试模型时，我们将看到一个进度条。

在第38行，我们打印score[0]，它表示损失（所有时期过去后训练集的误差），在第39行，我们打印score[1]，它表示在使用测试数据（X_test、Y_test）后模型的准确性。

在下面的第 40 行到第 45 行中，我们将输入一个新的评论（不在 X_train 或 X_test 中的评论），以便我们可以看到网络输出正确情绪的能力。

```
40 review = [' It bored me.']
```

在第 40
行，我创建了一个列表（一系列字符），这是一个新的评论。列表类似于数组，只是列表可以包含不同类型的元素（数字、字符等），而数组仅包含一种类型的数据。

```
#vectorizing the review by the pre-fitted tokenizer instance
41 review = tokenizer.texts_to_sequences(review)
```

第 41
行将评论中的每个单词更改为数字。分配给每个单词的数字将根据我们之前在第 17 行到第 19 行中创建的字典来确定，如清单 6.2
所示。请注意，根据该字典，"It"等于 2，"bored"等于 8，"me"等于 25。代码中不包含以下命令，但是，如果我们在第 41
行之后输入并运行代码："print(review)"，我们的输出将是 [[2, 8, 25]]。分配给每个单词的数字将根据我们之前在第 17 行到第 19
行中创建的字典来确定，因为 tokenizer 对象是在这些行中定义的。

tokenizer 对象的 texts_to_sequences
函数将列表"review"中的**每个**单词转换为整数。因此，它基本上是将"review"中的**每个**单词替换为第 19 行 word_index 字典中相应的整数。

```
#padding the list to have exactly the same shape as embedded
#layer input
42 review = pad_sequences(review, maxlen=10,\
   dtype='int32', value=0)
```

我们在第 24 行创建了一个模型，它接受一个 input_length = X.shape[1] 数组。这意味着数组长度是 X 数组中的列数。你可以在清单 6.4 中计算列数。你

会注意到 X 数组有 10
列。因此，我们需要确保输入到神经网络中的任何评论都是长度为 10
的列表。回想一下，keras 库中的填充函数就是这么做的。pad_sequences 将 review（此时是数字列表 [[2, 8, 25]]）作为参数，并在开头放置零（默认情况下，但我们也可以在末尾指定）。如果我们在第 42 行之后运行"print(review)"，我们将收到以下输出：[[0 0 0 0 0 0 0 2 8 25]]。请注意，列表的开头是如何用零"填充"的，足以使列表中总共有 10 个条目。请记住，我们需要列表中 10 个条目的原因是因为在第 24 行我们指定了神经网络第一层的输入大小是 X.shape[1]，即 X 包含的列数，即 10。这就是为什么在第 42 行的括号中我们指定 maxlen=10。用于填充的输出类型指定为 dtype='int32'，这意味着具有 32 位内存的整数，这是默认值。括号 value=0 表示用于填充列表的值。我们希望使用零而不是其他数字，因为我们不想影响预测的确定。使用任何其他数字都会影响评论预测过程。例如，如果我们使用 value=8 表示一堆 8 来填充列表，这将使评论偏向负面，因为数字 8 代表单词"无聊"，如清单 6.2 所示。

```
43 sentiment = model.predict(review,batch_size=1,\
verbose = 2)[0]
```

在第43行中，我们使用模型的预测函数创建一个由两个数字组成的数组，并将该数组称为 "*sentiment.*" 我们将新的评论（以包含 10 个数字的列表形式）插入到 *predict*功能。

通过使用 predict函数，我们基本上将列表 [[0 0 0 0 0 0 0 2 8 25]] 中的所有十个数字输入到我们的神经网络中。在经过每个节点/神经元内的所有激活函数并将金额乘以网络中的不同权重后，网络输出一个包含两个数字的数组。第一个

这个数组的数量称为"sentiment"
是评论为负面的概率，而该数组的第二个数字是评论为正面的概率。运行整个程序到第43行后，您可以通过输入并运行代码print(sentiment)
来查看此数组的样子。回想一下，我们之前提到过，SpyderIDE
具有一项特殊功能，您可以突出显示代码块并从"运行"菜单中选择"运行选择或当前行"。对第1行到第43行执行此操作。然后输入：print(sentiment)，突出显示它并从"运行"菜单中选择"运行选择或当前行"。Jupyter Notebook
也具有类似的功能，我之前解释过。您将看到以下输出：[0.6836481
0.31635183]。这告诉我们评论 [' It bored me.'] 有 68%
的可能性是负面评论，有31%的可能性是正面评论。我们都知道这肯定是负面评论，但是请记住，我们正在训练计算机来确定这是什么类型的评论。这并不总是一门精确的科学，尤其是当你刚开始创建神经网络时。我们可以看到我们的神经网络并不完美。如果它是完美的，我们将看到以下输出：[1 0]。这意味着评论 ['它让我很无聊。'] 有 100% 的可能性是负面评论，而有 0%
的可能性是正面评论。我们可以做很多事情来改进我们的神经网络，以便更好地预测情绪。我在文本末尾的附录 A 中解释了它们。

你可能会问，为什么预测函数输出一个包含两个数字的数组？回想一下下面的第 27 行：

```
27 model.add(Dense(2,activation='softmax'))
```

第27行添加了一个具有两个神经元的Dense

层。"2"（位于第一个参数中）告诉我们这一点。第二个参数指定激活函数是 softmax

激活函数。回想一下，激活函数被添加到神经网络中是为了帮助网络从输入数据中学习。softmax激活函数用于输出层以输出概率分布。第27

行是我们神经网络模型的最后一层。这是输出层。所以从本质上讲，第27

行告诉我们，在输入评论后，神经网络

网络将输出两个数字，代表两个概率。如前所述，第一个数字是评价为负面的概率，第二个数字是评价为正面的概率。请记住，网络以这种方式设置，因为我们使用 Y 数组训练网络，该数组是一个二维数组（有 19 行和 2 列）。这个二维数组包含"虚拟"变量（一和零）。观察清单6.5

看看它是什么样子。在用这个Y数组训练网络后，我们的网络不一定会给我们一个一和一个零作为输出。它将输出两个概率分布。概率分布最高的地方将是网络对我们输入的评论类型（正面或负面）的估计。例如，我们之前提到，如果我们运行 print(sentiment)函数，我们将看到以下输出：[0.6836481 0.31635183]，这告诉我们评论为负面的概率更大，因为在名为"sentiment"的数组中，第一个位置有 68%。

我们可能不想只显示两个概率分布。也许我们希望程序中有更多"用户友好"的输出。我们可以编写一些代码来输出两个句子中的一个。要么是："这是一个负面评论"或"这是一个正面评论"，具体取决于最高概率分布在情绪数组中的位置。我们可以使用下一页第 44 行中的以下代码来执行此操作。请注意，第 44 行由四行代码组成。我将这四行代码称为"第44

行"，因为这四行都是相连的。np.argmax(sentiment)

表示我们情绪数组中的最高数字。对于我们之前提到的输出[0.6836481 0.31635183]，这将是 .6836481。这是我们数组中的最大数字，因为它大于 .31635183。numpy函数argmax

找到名为"情绪"的数组中的最大数字，将数组作为括号中的参数并返回其索引。第 44行表示，如果我们的情绪数组中的最大数字在"0"索引中，则打印"这是负面评论"。索引0是情绪数组中的第一个位置。索引1是数组中的第二个位置。对于我们输入的评论："它让我很无聊"，你会记得我们收到了以下情绪数组作为输出：

[0.6836481

0.31635183]。我们的情绪数组中的最大数字在"0"索引中吗？是的，因为.6836481 大于 .31635183，并且它位于零索引中（第一个

位置）。请记住，数组的第一个索引始终为零，而不是"一"。

第 44 行的其余部分有一个 elif 语句。elif 是"else if"的缩写。它允许我们检查多个表达式。因此，如果我们的情绪数组中的最高数字不在"0"索引中，则"elif"语句将启动，如果我们的情绪数组中的最高数字在"1"索引（第二位），则代码将打印"这是正面评价"。请注意，"=="运算符用于表示索引。它由两个等号组成。也就是说，"=="运算符比较两个对象的值或相等性。第

44行的第一部分实际上是说，如果数组中最高数字的索引为零，则打印"这是一条负面评论"。因此，第44

行的第一部分是将数组中最高数字的索引与零进行比较。跟踪第44

行的含义可能很麻烦。但是，如果您像在其他章节中一样多次阅读解释，您会发现对代码的理解会大大提高。此外，在阅读解释时，在您面前放一份代码副本非常有帮助。请注意 elif 语句未缩进并且与 if 语句位于相同的边距。如果 elif 语句像 print 语句在 if 语句下一样缩进，您将收到以下错误：**SyntaxError**: invalid syntax. 这是因为通过将 elif 语句缩进到 *if* 语句你告诉程序只考虑 elif 语句"if np.argmax(sentiment) == 0"，我们并不想这样。此外，python 认为这不是正确的语法，并会产生上述错误。您需要记住，python

编码依赖于缩进来实现其控制结构，而其他编程语言（如 C、C++、Perl 和 Java）则使用花括号。

```
44 if(np.argmax(sentiment) == 0):
    print("This is a negative review.")
  elif (np.argmax(sentiment) == 1):
    print("This is a positive review.")
```

第7章

语音/音频识别和分类

神经网络可用于识别人类语音并对语音或声音进行分类。例如，我们可以构建一个神经网络来识别语音并允许个人进入计算机网络或系统。人工智能和语音/音频识别的应用似乎无穷无尽，例如通过语音识别实现计算机安全、使用音频分类进行野生动物研究、对音乐进行分类，甚至使用在犯罪现场捕获的音频打击犯罪。

本章中创建的项目将尝试识别和分类两个人的声音。这个项目可以轻松扩展到两个人以上；但为了简单起见，我们将其保持在两个人。

我们将在这个项目中使用卷积神经网络。我们将使用一种称为频谱图的图形来表示音频文件。我们为这个项目选择CNN
的原因是它们可以区分不同的频谱图模式。CNN
能够获取和识别不同图表（或我们的情况下为频谱图）上显示的跨时间和频率的模式。即使音频被外部噪音掩盖，它们也可以做到这一点。我们将使用少量数据来训练项目中的网络，但是当您编写自己的原始代码时，请不要让这限制您。我们将数据量保持在较小水平，以便训练网络只需花费少量时间。由于我们使用的数据量较少（少量音频文件），因此模型的准确率不会最高。如果您使用大量音频文件来训练模型，准确率将会提高。

该程序将使用来自两个文件夹的音频文件进行训练。第一个文件夹将保存一个名为
Eva
的人的音频文件。每个音频文件将包含此人说一个或多个不同单词的录音。第二个
文件夹将包含另一个名为 Joe
的人的音频文件。每个音频文件将包含第二个人说一个或多个不同单词的录音。换
句话说，每个文件夹将包含两个人中其中一个人的音频文件。如果一个人的声音比
另一个人高，CNN
将更有效。网络将能够区分一个人的声音和另一个人的声音。从那里，您可以添加
代码以制作一个程序，该程序在识别特定个人的声音后访问某些软件。随着您对
Python 和编程知识的增加，您可以更改和扩充代码以创建大量应用程序。

快速查看下面的完整代码，然后仔细阅读下面每行代码的描述。我使用了 Spyder
IDE。我还使用 Jupyter Notebook
来运行代码。您可以使用任何基于计算机（非云）的 IDE
来编写以下代码，因为我们将访问您保存在计算机上的文件。如果您使用基于云的
Google Colab，则需要将文件上传到远程 Google
驱动器（请参阅本书末尾的附录 B）。

```python
from keras.layers import Activation, Dense, Dropout,
Conv2D,Flatten, MaxPooling2D
from keras.models import Sequential
import librosa
import librosa.display
import numpy as np
import random



# A list used to store the data we will use to test and
# train the model

D = []



# Fill the list called D with audio matrices and
# corresponding numbers ( 1 for Eva or 2 for Joe)

for x in range(40):

    y, sr = librosa.load('C:/audio files/folderEva/'  +\
    str(x)+'.wav', duration=2.95)

    ps = librosa.feature.melspectrogram(y=y, sr=sr)

    if ps.shape != (128, 128): continue
    D.append( (ps, 1) )



for x in range(40):

    y, sr = librosa.load('C:/audio files/folderJoe/' +\
    str(x)+'.wav', duration=2.95)

    ps = librosa.feature.melspectrogram(y=y, sr=sr)
    if ps.shape != (128, 128): continue
    D.append( (ps, 2) )
```

```
random.shuffle(D)

train = D[:40]
test = D[40:]
x_train, y_train = zip(*train)
x_test, y_test = zip(*test)

print(y_train)
print(y_test)
print(x_train)
print(x_test)


# We need to reshape for CNN input in order to enter it to
# the model

x_train = np.array([x.reshape( (128, 128, 1) ) for x in\
x_train])
x_test = np.array([x.reshape( (128, 128, 1) ) for x in\
x_test])


y_train = np.array(y_train)
y_test = np.array(y_test)




model = Sequential()
input_shape=(128, 128, 1)
model.add(Conv2D(30, (5, 5), strides=(1, 1),
input_shape=input_shape))
model.add(MaxPooling2D((2, 1), strides=(1, 1)))
model.add(Activation('relu'))

model.add(Conv2D(50, (5, 5), padding="valid"))
model.add(MaxPooling2D((2, 1), strides=(1, 1)))
model.add(Activation('relu'))

model.add(Conv2D(50, (2, 2), padding="valid"))
model.add(Activation('relu'))

model.add(Flatten())
```

```python
model.add(Dropout(rate=0.2))

model.add(Dense(80))
model.add(Activation('relu'))
model.add(Dropout(rate=0.5))

model.add(Dense(1))
model.add(Activation('softmax'))
model.compile(
        optimizer="Adam",
        loss="categorical_crossentropy",
        metrics=['accuracy'])
model.fit(
        x=x_train,
        y=y_train,
    epochs=10,
    batch_size=5,
    validation_data= (x_test, y_test))

score = model.evaluate(
        x=x_test,
        y=y_test)

print('Test loss:', score[0])
print('Test accuracy:', score[1])


#Use the predict function to see if the network will output
#a "1" after we input a spectrogram matrix of a totally new
# sample of Eva's voice

y, sr = librosa.load('C:/audio files/New_Eva.wav',
duration=2.97)
```

创建用于二进制输出分类的前馈人工神经网络

```python
ps = librosa.feature.melspectrogram(y=y, sr=sr)

ps = np.array([ps.reshape( (128, 128, 1) )])

voice_pred=model.predict(ps, verbose = 0)
print (voice_pred)
```

解释每一行代码

```
1 from keras.layers import Activation, Dense, Dropout,\
  Conv2D,Flatten, MaxPooling2D
2 from keras.models import Sequential
3 import librosa
4 import librosa.display
5 import numpy as np
6 import random
```

上面的第 1 行导入了创建 CNN 模型所需的几个函数。这些函数是从 keras
模块导入的。回想一下，模块是一个包含各种 Python
函数和全局变量的文件。Keras
是用于创建卷积神经网络的深度学习库。请注意，行末的反斜杠 (\)
将代码行延续到下一行。Activation、Dense、Dropout 和 MaxPooling
在前面的章节中已经解释过了。Flatten
函数将多维输入展平为一维，这样您就可以创建输入层并构建神经网络模型，以便
有效地将数据传递到模型的每个神经元中。第 2 **行**导入了 Sequential
模型，我们将使用该模型以"顺序"**或逐层/逐步的方式构建神**经网络。第 3
行导入了 librosa，这是一个用于处理音频数据的 Python 包。librosa
中的函数使我们能够读取、写入和操作音频波形文件。第 3 **行从** librosa
导入显示函数，该函数允许我们查看随时间变化的频谱图或音频频率图表（代码中
将对此进行进一步解释）。第 5 **行**导入 numpy
数学库，该库用于将数据输入和输出表示为矩阵或数组。第 6
行导入随机函数，该函数用于打乱我们的数据集，以便模型能够从混合数据中学习
，从而提高模型的准确性。

```
7 D = []
```

第 7
行创建一个空列表，我们将在其中填充用于训练和测试模型的数据。回想一下，在
Python 中，列表用于存储数据，其中每个数据项用逗号分隔。Python

中的列表可以包含任何数据类型的数据项，并且可以由属于不同数据类型的元素组成。但在这个程序中，我们将看到这个列表与一种数据类型一起使用。

```
8 for x in range(40):

9    y, sr = librosa.load('C:/audio files/folderEva/' +\
10   str(x)+'.wav', duration=2.95)

11   ps = librosa.feature.melspectrogram(y=y, sr=sr)

12   if ps.shape != (128, 128): continue
13   D.append( (ps, 1) )
```

上面的第8行到第13
行将加载名为"folderEva"的文件夹中的每个音频文件，该文件夹包含40
个波形文件。在我的示例中，**每个文件都是名为**   Eva
的人说不同单词或单词组的录音。当然，在您的项目中，您需要以波形文件的形式
为同一个人创建40
个录音，并将它们保存到具有易记名称的文件夹中。您需要将每个文件命名为   0
到39之间的数字。由于for循环默认从0
开始，因此您需要将第一个文件命名为"0"，将第二个文件命名为"1"，将第三个文
件命名为"3"，依此类推，直到"39"。这将使总共有   40   个文件，编号从   0
开始，包括 39。

我们可以将它们命名为   1   到   40，但这样我们就必须在第   8   行使用以下   for
循环：for   x   in   range(1,   41)。请记住，在   python
中不使用循环的最后一个数字。这就是为什么不使用数字"41"的原因。在上面的
第 8 行中，for 循环将从 0 到 39。
For   循环的工作方式如下。第   8   行下面缩进的**每一行代**码都将运行   39
次。但是，如果第13行12为真。在这种情况下，continue
关键字将使循环再次从头开始。

让我们从第   8   行**开始**。for 循环告诉我们运行第   8   行下面缩进的所有代码   39
次（40减
1），除非其中一行缩进的代码告诉我们停止（我们很快就会看到）。当我们第一
次运行第   8   行的代码时，"**x**"的值为   0，然后我们转到第   9   行。第   9

行从名为"folderEva"的文件夹加载名为"0"的波形文件，该文件夹位于名为 audio 的文件夹中，该文件夹位于我的计算机的C

盘中。当然，只要您在代码中正确写出路径，您就可以将音频文件插入计算机上的任何位置。我的文件夹"folderEva"中的**每个文件都使用数字命名。您会注意到**，**在我**输入此文件夹的路径后，我使用了"+"号并写下"str(x)"。这意味着"x"将转换为字符串。我们希望python

将其识别为字符串，因为它是音频文件的名称。换句话说，此时程序中的"x"为

0，我们希望代码将0

识别为字符串而不是整数。文件的名称应该是字符串而不是整数（整数是整数）。Python

可以将任何整数识别为整数类型或字符串类型（一个字符或一组字符可以是字符串）。继续执行第10行（实际上是第9

行的扩展），我们添加代码：+'.wav'。由于我们正在加载波形文件，因此这会将.wav　　　　扩展名添加到文件。.wav　　　　用单引号引起来，因此　　　　Python知道它是一个字符串，因为它是波形文件名称的一部分。我们看到我们为文件分配了 2.95 秒的持续时间，我稍后会解释。

您可以在第九行看到，当我们使用librosa.load

函数加载波形文件时，该函数返回两个值"y"和"sr"。

"sr"是采样率，表示每秒录制多少个音频样本。"y"是一个二维数组。

数组的第一个轴表示音频中记录的振幅样本（频率变化）。

第二个轴表示音频中的通道数（单声道一个通道，立体声两个通道）。

默认采样率为 22,050，这意味着该文件的音频录制频率为每秒 22,050 次。

此信息的重要性可能并不明显，但是，在下一行中需要它来为名为"0"的wav

文件创建频谱图。

第11行中的代码将为名为"0"的波形文件创建一个numpy

数组或信息矩阵，用于生成一个称为melspectogram

的图。这是通过将音频文件的频率范围划分为128

个分量来实现的。这显示在频谱图的纵轴上。这些频率的范围是从 0 到 22.05

千赫。这是人类可听到的声音的大致范围。您会注意到，在第10

行，我们确保音频文件的持续时间为 2.95 秒。我们将以 23 毫秒的增量划分这2.95秒。这给了我们在频谱图的横轴上128

个时间划分。顺便说一句，如果我们想看看波形文件"0"的频谱图是什么样子，我

们可以使用以下代码中显示的display.spechshow
函数。您可以在运行本章中程序的整个代码后，在程序末尾单独运行它：

```
y, sr = librosa.load('C:/audio files/folderEva/0.wav',\
duration=2.97)
ps = librosa.feature.melspectrogram(y=y, sr=sr)
librosa.display.specshow(ps, y_axis='mel', x_axis='time')
```

当我运行上面的代码时（在我第一次运行本章中项目的所有代码之后），我收到了
图 7.1 中的图像。

Figure 7.1

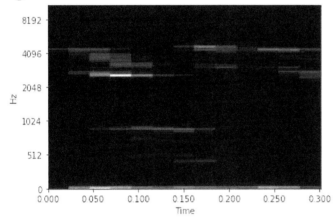

您会注意到，在上面的代码中，我们在代码　　　 y_axis='mel'　　　中使用了**关**键字
mel。梅尔标度是频率标度的一些变换的结果。您还会注意到，垂直轴编号看起来
不像有128个分区，水平轴编号也没有显示128
个分区。这很好。尽管如此，梅尔频谱图实际上是一个 128 X 128

的矩阵。图像中的分区实际上是水平方向以 128 个增量划分，垂直方向以 128 个增量划分。我们可以通过运行代码 ps.shape 来证明我们有一个 128 x 128 的矩阵。这给了我以下输出：

(128, 128)。

回到第 11 行（为方便起见，下面重印了），代码返回一个 128 X 128 的 numpy

数组，我们将其命名为"ps"。它传统上被称为"ps"来代表"音调变换"，但是您可以随意命名，只要您与代码保持一致即可。"y"取自上一行（第9

行）中的"y"值，而"sr"也取自上一行（第9行）中的"sr"值。第12

行是作为安全措施添加的，以便过滤掉任何不是 128 X 128

的矩阵。您必须记住，为了使第9行和第10

行正常工作，您必须拥有每个音频波形文件至少 3 秒长的文件。这是因为第 10

行中的代码会将文件的持续时间缩短到2.95

秒。例如，如果您的名为"0"的波形文件只有 1 秒长，则第 10 行无法将其缩短至

2.95秒，因为文件只有1

秒长，因此长度不够。因此，您必须记住，保存到文件夹中的40

个音频文件必须至少每个长 3 秒。

```
8 for x in range(40):

9    y, sr = librosa.load('C:/audio files/folderEva/'  +\
10   str(x)+'.wav', duration=2.95)

11   ps = librosa.feature.melspectrogram(y=y, sr=sr)

12   if ps.shape != (128, 128): continue
13   D.append( (ps, 1) )
```

创建用于二进制输出分类的前馈人工神经网络

执行第 11 行后，您将获得 128 X 128 的 numpy 数组（希望如此，除非您的原始 wave 文件长度少于 2.95 秒），然后执行第 12 行，如果 ps 数组的形状不等于 128 X 128，执行"continue"指令，这将我们带回到第8

行，在该行执行循环的下一次迭代，其中 x 这次为 1（之前为 0）。但是，如果在第 12 行，ps 的形状实际上是 128 X 128，我们将继续执行第 13 行，在该行中，我们在代码第 7 行创建的名为"D"的列表将添加名为 ps 的 128 X 128 数组，同时还添加"1"。因此，在for

循环的每次迭代中，都会将一对项目添加到名为D

的列表中。将数字"1"添加到列表中是因为"1"代表名为Eva

的人的声音。事实上，这个for循环将为包含Eva

声音的音频文件的文件夹中的每个音频文件添加数字

1。请记住，当我们处理神经网络时，我们正在处理方程式，正如我们在第 1 章中看到的那样。这些方程式可用于直接输出数字，而不是名称。这就是为什么在我们的项目中我们使用数字 1 代表 Eva，使用数字 2 代表 Joe。这样，希望在我们创建 CNN 后，如果网络"听到"了 Joe 的声音，它将输出"2"，如果"听到"了 Eva 的声音，它将输出"1"。

因此，一旦执行第 13 行，我们附加代表名为"0"的波形文件的 128 X 128 数组，并附加数字 1，我们就会在列表中获得第一对，称为"D"。因此，在从第 8 行到第 13 行的第一次迭代之后，我们将得到一个 128 x 128 的数组/矩阵和数字 1。这将是我们添加到列表中的第一对。128 x 128 矩阵太大，无法在此处打印，但是，您可以在第 13 行之后包含代码 print (D)，以便在 Spyder 或 Jupyter Notebook 上的输出窗口中查看它。在从第 8 行到第 13 行的第一次迭代之后，您可以将名为 D 的列表视为以下对：D = [(1stMATRIX, 1)]。

现在，在执行第 13 行后将第一对添加或附加到 D 之后，我们返回到第 8 行，这次 x = 1。我们按照前面描述的方式遍历第 8 行到第 13 行，并再次将另一个矩阵/数组连同数字 1 一起添加到名为 D 的列表中。**每个矩**阵都会得到一个"1"，因为这些文件都来自 Eva 的文件夹。记住我们在做什么。我们正在将显示语音频率的矩阵与特定的人（在本例中为 Eva）进行匹配。在 for 循环的第二次迭代之后，我们再次回到第 13 行，D 列表将如下所示：D = [(1stMATRIX, 1), (2ndMATRIX, 1)]。

在第 13 行执行完毕并将第二对添加到列表中后，我们再次返回第 8 行，此时 x = 2（请记住，"for 循环"下缩进的所有内容都会执行，直到到达 x = 39）。

第三次到达第 13 行时，我们称为 D 的列表可以这样想：D = [(1stMATRIX, 1), (2ndMATRIX, 1), (3rdMATRIX, 1),]。然后我们再次回到第 8 行，这次 x = 3，第 8 行到第 13 行再次执行。这个过程一直持续到 x = 39，比 40（第 8 行显示的数字）少一，因此此时列表中有 0 到39 对（希望如此，除非您录制的波形文件之一少于 3 秒）。0 到 39 代表 40 对。现在请记住，如果每个人只使用40

对，您永远无法建立一个好的模型，更不用说一个伟大的模型了。您需要每个人的数百甚至数千个波形文件。在这里，我们将使用 Eva 的 40 个和 Joe 的 40 个。一旦您理解了本章中代码的工作方式，请随意修改代码以包含更多音频文件。

总之，第8行到第13行为每个由Eva创建的语音文件添加了一个频谱图数组，并且我们为每个文件都添加了一个"1"，因为我们在每对文件中包含了一个"1"。因此，我们列表 D 中的**每个条目都是一**对项目：一个频谱图和一个数字 1。在 for 循环迭代 40 次后，我们列表 D 中有 40 个这样的对。

第 14 行到第 19 行对位于文件夹"folderJoe"中的 Joe 的语音/音频文件执行相同的操作。只是现在 Joe 的**每个**对文件（添加到列表 D）将包含一个数字"2"而不是"1"，因为我们将在神经网络中指定"2"代表 Joe。因此，由于范围是 40（记住 0 到 39 是 40 次），第 14 行和第 18 行执行 40 次后，我们最终会在列表 D 中获得 80 对，其中 40 对来自 Eva 的语音文件，40 对来自 Joe 的语音文件。

```
14 for x in range(40):

15    y, sr = librosa.load('C:/audio files/folderJoe/' +\
16    str(x)+'.wav', duration=2.95)
17    ps = librosa.feature.melspectrogram(y=y, sr=sr)
18    if ps.shape != (128, 128): continue
29    D.append( (ps, 2) )
```

你必须记住，在第 29 行执行的 40 次中，每次都会将一对新值添加到名为 D 的列表中。例如，当第 29 行第一次执行时，列表 D 已经包含所有

其中包含 40 对 Eva 的音频。Joe 的第一对音频将在此时添加。第一次执行第 29 行时，我们将得到 41 对音频（由于执行了第 8 行至第 13 行 40 次，因此有 40 对音频来自 Eva，一对音频来自 Joe）。下一次执行第 29 行时，我们将得到 42 对音频（40 对音频来自 Eva，2 对音频来自 Joe），依此类推，直到我们将 Joe 的所有 40 个音频文件都转换为梅尔频谱图，此时列表 D 中将有 80 对音频，代表 80 个梅尔频谱图，每个音频图都带有"1"表示 Eva，或"2"表示 Joe。

```
30 random.shuffle(D)
```

上面的第 30 行将使用我们在第 6 行导入的随机模块中的 shuffle 函数。这将随机混合 D

列表中的对。我们为什么要这样做？回想一下，当我们使用两个 for 循环构建列表时，我们首先添加了 Eva 的所有 40 对，然后添加了 Joe 的 40 对。这意味着我们的列表首先包含 Eva 的所有数据，然后在 Eva 之后包含 Joe 的所有数据。这不会成为好的训练数据。如果我们使用 Eva 的所有数据来训练模型，然后再使用 Joe 的所有数据，我们将无法获得可以有效预测/分类新音频文件的模型。最好使用 Eva 和 Joe 的数据混合来训练模型，而不是先使用 Eva 的所有数据，最后使用 Joe 的数据。这将训练一个模型，该模型更适合对可能来自 Joe 或 Eva 的新音频文件进行分类。因此，执行第 30 行后，列表 D 中将有 Eva 对和 Joe 对的随机组合。例如，我们可能最终得到列表中的第一对来自 Eva，然后接下来的几对来自 Joe。

下面的第 31 行将指定项目 0 到 39 将是我们用来训练模型的集合。从前面的章节中回想一下，当我们创建神经网络时，我们将使用部分数据来训练模型，并使用部分数据来测试模型的有效性。数组的索引从 0 **开始**，**以比**显示的数字少 1 结束。在第 31 行，您会注意到冒号前没有数字。这意味着我们将从列表 D 的**开头**开始。因此，名为"train"的新列表将从列表 D **开头**的任何对开始，以第 39 对（比 40 少 1）结束。

创建用于二进制输出分类的前馈人工神经网络

```
31 train = D[:40]
32 test = D[40:]
```

在第 32
行，我们将创建一个名为"test"的新列表，用于测试神经网络。请注意，这次"test"列表将从D列表中的第40对开始，到D
列表中的最后一对结束。由于冒号右侧没有数字，这告诉Python
将最后一对包含在列表 D 中。因此，总而言之，第 32 行将把列表 D 中的第 40 对到最后一对（包括最后一对）添加到名为"test"的新列表中。

```
33 x_train, y_train = zip(*train)
34 x_test, y_test = zip(*test)
```

在第33行，我们使用了所谓的zip
函数。这是必要的，因为我们需要将所有标签放在y_train
列表中，并将用于训练网络的所有数据放在x_train
列表中。这需要仔细解释和遵循。回想一下，当我们训练神经网络时，我们需要输入数据，我们还需要我们称之为此输入数据的"标签"。**在我们**的例子中，我们需要一个单独的列表来表示表示频谱图的矩阵，以及一个单独的列表来表示标签。在我们的例子中，标签是 1 和 2。**数字 1 代表 Eva 的声音，数字 2 代表 Joe 的声音。在第31**
行，我们有一个由成对的元素组成的训练列表。成对元素的第一项是代表频谱图的矩阵，第二项是 1 或 2。**所以我**们的训练列表最终可能看起来像这样：train = [(1stMATRIX, 2), (2ndMATRIX, 1), (3rdMATRIX, 1), (4thMATRIX, 2)…….(40thMATRIX, 1)].

请记住，每个矩阵横向有 128 个数字，纵向有 128 个数字，因此很难在此处显示。我们将使用 1stMATRIX、2ndMATRIX 等来表示它们。因此，我们在第 31 行创建的名为 train 的列表中有 40 对。对中的第一项是 128x128 矩阵，第二项是 Eva 的数字 1 或 Joe 的数字 2。因此，每对都包含一个输入数据，即

melspectogram（我们可以称之为 x）和一个标签"1"或"2"（我们可以称之为标签 y）。

但是，我们不能像这样使用列表来训练网络。我们需要一个 x 列表和一个单独的 y列表。这是因为这是我们将数据提供给神经网络以进行训练的方式。我们使用包含训练数据的列表和另一个包含标签的单独列表来提供数据。我们需要一个包含 x 的列表和一个包含相应y的列表（每个索引处的 y）。我所说的"每个索引处对应"是什么意思？假设第31 行创建的训练列表如下所示：train = [(1stMATRIX, 2), (2ndMATRIX, 1), (3rdMATRIX, 1),....... 40thMATRIX, 1)].

我们需要从这个列表中创建两个列表：一个名为 x_train 的列表，其中包含所有如下所示的矩阵：（1stMATRIX、2ndMATRIX、3rdMATRIX、......40thMATRIX）；另一个名为 y_train 的列表，其中包含如下所示的标签：（2,1,1，.......1）。

请注意，在零索引中 x_train 包含 1stMATRIX，而在零索引中 y_train 包含 2。请注意每个列表如何保留原始列表（称为"train"）的零索引的内容。如上所示，train 的零索引中的条目是"1stMATRIX, 2"对。这就是"对应每个索引"的含义。

这就是 zip 函数与第 33 行上的星号 (*) 结合使用时的作用。它将 train 列表分成 2 个单独的列表，一个列表包含 x 变量（矩阵），另一个列表包含 y 变量或标签（1 和 2）。由于第 33 行的名称 x_train 是第一个，因此代码会将 x 变量放入名为"x_train"的列表中。在我们的例子中，x 变量是 128 X 128 矩阵（melspectograms）。由于第 33 行中 y_train 是第二个，因此代码将 y 变量放入名为"y_train"的列表中。我一直将 zip 函数返回的内容称为"两个单独的列表"。实际上，它返回的是两个单独的特殊类型的"列表"，称为"元组"。元组是有序且不可更改的集合。列表和元组之间的区别在于，您无法更改元组中的项目，但可以更改列表中的项目。

第34行对测试列表执行相同的过程。新创建的x_test
列表（或元组）将包含网络将用于

测试其有效性，y_test
列表（或元组）将用于包含与这些矩阵相对应的标签（一和二）。

正如我们之前所解释的，我们需要拆分训练列表和测试列表的原因是神经网络需要单独的 x 训练和 y 训练列表，以及单独的 x 测试和单独的 y
测试列表。这只是网络接收数据的结构方式。

```
35 print(y_train)
36 print(y_test)
37 print(x_train)
38 print(x_test)
```

第35行至第38行仅用于说明目的。它们不用于构建卷积神经网络。我将它们包括在内只是为了让您了解这些列表的实际样子。

第 35 行将打印出 y_train 元组。这将显示我们所谓的"标签"，**它们**对应于位于 x_train **列表中的每个 128 X 128 矩**阵。因此，y_train 元组将是 **1 和 2** 的列表。请记住，x_train　　　　元组中的每个矩阵都将对应于位于　　　　　　y_train 元组中特定索引处的 **1** 或 **2**。**它是 1** 还是 **2 取决于矩**阵表示谁的声音，是 Eva 的还是Joe的。y_train元组（以及x_train元组）用于训练网络。当我说训练时，我的意思是调整网络的权重，以便每个矩阵（代表Joe或Eva的声音）在输入网络后，将输出正确的"标签"，该标签将是 1 **或** 2，**具体取决于矩**阵代表谁的声音。

第 36　行将打印出　y_test　元组。回想一下，这是在创建和训练　CNN **后将用于测试 CNN 准确性的**标签列表。此列表/**元组**也看起来像一堆 1 **和** 2。

第　37　行将打印出　x_train　元组。此元组将包含一个　128　X　128 **矩**阵列表，显示每个音频文件（可能是Eva或Joe的声音）随时间变化的频率信息。当您打印出这个元组时，它不会显示整个 128 x 128 **矩**阵，因为它

太大。它将缩写为一系列点或句点。请记住，x_train
元组中的每个矩阵都将对应于 y_train **元组**中某个索引处的标签（1 **或**

2）。例如，如果 x_train 元组中的第一个矩阵（索引为零）是表示 Eva 的声音的矩阵，则 y_train 元组的零索引中的标签将为"1"，因为 1 代表 Eva 的声音。请记住，任何 Python 列表或元组中的第一个位置称为"零索引"或索引 0。第 38 行将打印出 x_test 元组。这个元组将用于评估模型的性能（在 CNN 构建和训练之后与 y_test 元组一起使用）。这个元组中的每个条目也将是一个横 128 个数字、纵 128 个数字的矩阵，当你打印它时，它会被缩写，因为它太大而无法显示。

```
39 x_train = np.array([x.reshape( (128, 128, 1) ) for x in\
   x_train])
40 x_test = np.array([x.reshape( (128, 128, 1) ) for x in\
   x_test])
```

第 39 行对 x_train 元组中的每个矩阵进行所谓的"重塑"，并返回一个 numpy 数组。从左到右，第 39 行指出 X_train 将是一个 numpy 数组，它将包含 x_train 元组中的每个"x"（每个条目），但重塑后增加了一个维度。x_train 元组中的每个条目之前都是一个 128 X 128 矩阵。现在在新创建的 numpy 数组中，每个条目的维度都是 128 X 128 X 1。回想一下代码的第 5 行：import numpy as np。这意味着"np"是 numpy 的缩写，通过将其变成"numpy 数组"，我们可以访问 numpy 的重塑函数。请注意，第 39 行末尾的语句为"for x in x_train"。这意味着 x_train 元组中的每个条目（或 x）都将转换为三维，即 128 X 128 X 1。

我们需要重塑每个矩阵，以便将其作为输入输入到我们的CNN 模型中。在用于创建模型的框架Keras中，CNN 要求输入的数据具有三个维度，即宽度、高度和通道。这是因为CNN 通常处理图像，其中前两个维度表示像素值，通道表示图像是否为灰度，这将具有 1

通道或颜色将有 3 个通道 (RGB)。有关更多详细信息，请参阅前一章关于 CNN 的内容。

第 40 行对 x_test 元组中的矩阵执行相同的过程。

因此，最后，在执行完第 39 行和第 40 行后，我们剩下两个可以输入到网络中的 numpy 数组，一个用于训练，另一个用于测试。

```
41 y_train = np.array(y_train)
42 y_test = np.array(y_test)
```

第 41 行使用 numpy 的"array"函数将 y_train 元组转换为 numpy 数组。第 42 行使用 numpy 的"array"函数将 y_test 元组也转换为 numpy 数组。需要将这两个元组转换为numpy 数组的原因是因为这是模型的结构方式。换句话说，模型的结构使得当我们使用"fit"方法（我们将在代码中进一步看到）时，它需要numpy 数组，而不是元组。如果我们没有将元组转换为numpy 数组，我们将收到如下错误消息：

```
ValueError: Failed to find data adapter that can handle
input: <class 'numpy.ndarray'>, (<class 'tuple'> containing
values of types {"<class 'int'>"})
```

这基本上告诉我们，为了训练和测试模型，我们需要输入 numpy 数组而不是元组，因为这是"fit"**函数工作所需要的。我们可以使用除 numpy 数组之外的数据结构来训练神经网络吗？**可以，但是对于我们的示例，我们使用来自 keras 的模型，这是 keras 模型的结构方式。

```
43 model = Sequential()
44 input_shape=(128, 128, 1)
45 model.add(Conv2D(30, (5, 5), strides=(1, 1),\
   input_shape=input_shape))
46 model.add(MaxPooling2D((2, 1), strides=(1, 1)))
47 model.add(Activation('relu'))
```

第43行到第47行开始创建卷积神经网络模型。请记住，我们尚未训练或测试模型。这些将在代码的后面出现。我们正在创建它。此时它尚未经过训练。可以将其视为尚未编程的机器人。或者我们可以将其视为尚未学会任何东西的小孩。

第43行使用"Sequential()"方法创建模型。从此点开始，后面的行将向模型添加层。回想一下，"Sequential()"是一种逐层创建的模型，一次一行代码，每行都会添加到模型中。

第 44 行创建一个名为"input_shape"的元组，并为其赋予值 128,128 和 1。元组是使用括号创建的，而列表是使用方括号[]创建的。在定义模型输入层的形状时，我们将需要它（我们将在第 45 行创建/定义它）。

第 45 行向模型添加了一个卷积层，该层有 30 个过滤器。每个过滤器的大小为 5 x5。请参阅有关卷积神经网络的章节，了解这些过滤器在CNN中的工作原理。术语"步幅"是过滤器在输入矩阵上移动的像素数。当步幅为 1 时，滤波器每次移动 1 个像素。当步幅为 2 时，滤波器每次移动 2 个像素，以此类推。当你阅读或重读卷积神经网络章节时，这会更有意义。步幅 (1,1)

表示滤波器每水平移动一次，滤波器就会向右移动一个像素，每垂直移动一次，滤波器就会向下移动一个像素。默认步幅为 (1,1)。我们不必在这里输入它，因为 (1,1) 是默认步幅，但是添加它是为了强调和清晰。如果你想将步幅改为 (2,2)，则必须在代码中输入"strides=(2, 2)"。

您可以看到，在第45行末尾，我添加了一个反斜杠(\)，表示该行的代码在下一行继续。在本文的代码示例中，请务必注意这一点。

第 45 行的后续内容告诉我们，输入层的 input_shape 等于我们刚刚在第 44 行定义的名为"input_shape"的元组中包含的值。在第45行，第一个"input_shape"是指模型可以并且将在其输入层中接收的矩阵的大小。让它等于值 (128, 128, 1) 告诉我们输入层将采用具有 3 个维度的矩阵，即 128 x128x1。回想一下，在第39行和第40行中，我们"重塑"了输入以符合这些维度。我们之前还解释了为什么 CNN 需要这 3 个维度。

第 46 行添加了一个"MaxPooling"层。回想一下上一章关于 CNN 的内容，最大池化层将使用"最大池化"方法降低特征图的大小。有关特征图的讨论，请参阅CNN章节。过滤器大小为2X1。步幅(1,1)再次意味着过滤器每次水平移动时将向右移动一个像素，每次垂直移动时将向下移动一个像素。

创建用于二进制输出分类的前馈人工神经网络

第47行添加了一个"relu"激活函数。回想一下第一章，激活函数从神经网络获取输入并对其进行转换。有关激活函数的详细说明，请参阅第1章。relu激活函数因允许模型更快地学习和更好地执行而闻名。当神经网络的输出应该是正数时，通常使用 relu。有关 relu 激活函数的详细描述，请参阅第 2 章。

```
48 model.add(Conv2D(50, (5, 5), padding="valid"))
49 model.add(MaxPooling2D((2, 1), strides=(1, 1)))
50 model.add(Activation('relu'))
```

第 48 行向模型添加了一个卷积层，该层有 50 个过滤器。每个过滤器的大小为 5 x5。代码padding="valid"表示无填充，它假定所有维度都是有效的，以便输入图像完全被过滤器覆盖，并且步幅由您在

代码。回想一下，我们在前面的文章中解释过，填充将通过在每个数组前面放置零来确保每个数组的大小相同。

第   49
行添加了一个"MaxPooling"层。最大池化层将使用"最大池化"方法降低特征图的大小。有关特征图的讨论，请参阅 CNN 章节。过滤器大小为 2 X 1。还指定了 (1,1) 的步幅。

第 50 行添加了另一个"relu"激活函数。您可能会问我们为什么要添加另一个 relu 函数？或者我们为什么不添加其他类型的函数？您需要了解，构建任何类型的神经网络都不是一门精确的科学，您添加到网络中的层数、激活函数、过滤器大小、神经元等都会产生不同的结果。您需要养成尝试每个元素数量的习惯，看看在测试网络时什么能给您带来最佳准确性，我们很快就会讲到。

```
51 model.add(Conv2D(50, (2, 2), padding="valid"))
52 model.add(Activation('relu'))
```

第 51 行向模型添加了另一个卷积层，该层具有 50
个过滤器。每个过滤器的大小为 2 x 2。填充再次有效。第 52
行添加了另一个"relu"激活函数。

```
53 model.add(Flatten())
54 model.add(Dropout(rate=0.2))
```

第53行使用"Flatten"函数。Flatten会将数据转换为一维数组，以便将其输入到下
一层。我们将卷积层的输出展平以创建单个向量。有关更详细的解释，请参阅
CNN 章节。

第 54 行添加了一个 Dropout 层，其 dropout 率为 20%。回想一下，dropout
层会随机将层的某些输入设置为 0。在

括号中的内容是所谓的"速率"(rate)。速率表示在训练期间每一步要丢弃的节点的
比例。这有助于防止过度拟合训练数据。

```
55 model.add(Dense(80))
56 model.add(Activation('relu'))
57 model.add(Dropout(rate=0.5))
```

第 55 行向模型添加了一个包含 80
个神经元的密集层。密集层中的每个神经元都接收来自其前一层的所有神经元的输
入。第 56 行添加了另一个"relu"激活函数。第 57 行添加了一个 Dropout
层，其 dropout（辍学）率为 50%。

```
58 model.add(Dense(1))
59 model.add(Activation('softmax'))
```

**第 58
行添加了另一个密集**层，这次只有一个神经元。它有一个神经元的原因是我们的输出要么是数字 1（**代表 Eva 的声音**），**要么是数字 2（代表 Joe 的声音**）。

第 59 行添加了 softmax 激活函数。Softmax 对输出神经元很有用。通常 softmax
仅用于输出层。它用于需要将输入分类为多个类别之一的神经网络。在本例中是 2
个类别之一（1 **代表 Eva**，2 **代表 Joe**）。

```
60 model.compile(
61     optimizer="Adam",
62     loss="categorical_crossentropy",
63     metrics=['accuracy'])
```

第60行编译我们在第43行到第59行中创建的模型。编译方法定义了损失函数、优化器和指标，这些显示在随后缩进的三行中。

第   61   行告诉我们将使用"Adam"优化器。优化器是用于改变   CNN
的权重和学习率以减少损失的算法或方法。优化器算法用于减少损失并提供尽可能准确的结果。损失是一个数字，表示模型对单个输入的预测有多糟糕。如果模型的预测是完美的，则损失为零。如果模型在训练期间没有输出正确的分类，则损失大于零。损失在前面的章节中已经详细描述过。一些人认为   Adam
优化器适**用于稀疏数据**，**并且比其他**优化器更快。Adam
优化器还因需要相对较少的内存而闻名。

第 62 行告诉我们，我们正在使用一个名为 `"categorical_crossentropy."` 损失是神经网络（在本例中为卷积神经网络）的预测/**分类误差**。计算此损失的方法称为损失函数。损失量用于计算梯度。然后使用梯度更新神经网络的权重。回想一下第 1 **章**，网络中每个权重的误差图中点的斜率称为梯度(gradient)。有许多可用的损失函数。这里选择了"categorical_crossentropy"，**因**为我们正在处理类别作为输出，正如我们前面提到的（1 **或** 2）。

第63行告诉我们使用的指标是"**准确度**"(accuracy)。**指**标用于让我们了解模型的准确度。指标是指用于评估模型的数学/**数值**数字，也可以指创建模型的函数。kera**s 官方网站**(https://keras.io/api/metrics/)**关于指标**，有如下陈述：

> *指*标是用于判断模型性能的函数。指标函数与损失函数类似，不同之处在于，评估指标的结果不会用于训练模型。请注意，您可以使用任何损失函数作为指标。

在Keras中，**准确率只会在**评估网络时为您提供测试阶段预测值与实际已知值匹配的百分比。这时我们使用x_test**和**y_test**来**测试模型的准确率。换句话说，如果我们将 x_test **的每个成**员输入到

如果网络的输出每次都与 y_test **中的内容相匹配**，则准确率将为 100%。**如果** x_test **数**组中一半的输出与 y_test **中的内容相匹配**，则准确率将为 50%。**除了"准确率"之外**，还有各种不同类型的指标。请访问keras **官方网站**查看指标列表以及何时使用它们： https://keras.io/api/metrics/.

创建用于二进制输出分类的前馈人工神经网络

```
64 model.fit(
65    x=x_train,
66    y=y_train,
67    epochs=10,
68    batch_size=5,
69    validation_data= (x_test, y_test))
```

第 64 行到第 68 行是使用 x_train 和 y_train 中的数据训练模型的地方。回想一下，当我们训练模型时，我们实际上是在"强制"它在输入 x_train 中的数据时输出 y_train 中的任何内容。

例如，假设x_train数组中的第一个条目是一个表示Eva声音的矩阵（回想一下，x_train 中的每个矩阵都是根据 Eva 或 Joe 说话的波形文件创建的）。由于 x_train 中的第一个条目是一个表示 Eva 声音的矩阵，因此 y_train 中的第一个条目将是1（之前我们指定数字1对应于Eva的声音）。请记住，该模型只是激活函数/方程和"权重"的集合。当我们使用第 64 行到第 68 行训练模型时，我们实际上是在"强制"网络在输入第一个矩阵（Eva的声音）时输出"1"。我说的强制是什么意思？我的意思是，模型将调整其权重并以这样的方式使用激活函数，即当"Eva声音矩阵"输入网络时，网络输出层输出的是"1"。如果模型经过适当训练，每当我们从Eva的声音中输入一个新矩阵（不在训练数据中的矩阵，我们称之为x_train）时，我们的输出应该为1，因为网络中的方程/函数和权重是这样的，

"Eva 类型"的矩阵（希望）总是（或大多数时候）输出 1。它对表示 Joe 声音的矩阵执行相同的过程。这称为"训练模型"。所以最后（希望）每次我们输入 Eva 的声音矩阵或 Joe 的声音矩阵时，我们都会分别得到 1 或 2。因此，网络正在被"调整"或"训练"，以便每次您从x_train输入语音矩阵时，网络都会从 y_train 输出相应的标签。我们可以说，我们正在"教"网络输出 y_train 中的标签，这些标签与位于x_train中的语音矩阵正确对应。如果我们这样做，那么当我们将来输入一个全新的语音矩阵时，希望网络能够正确地将其归类为属于 Eva 或 Joe。请记住，如果 Joe 将自己的声音改变为高音调或接近 Eva 声音的频率，网络可能会给我们错误的分类。

在第64行，模型的"fit"方法根据第65行到第68行所示的规范开始训练过程，我将对此进行解释。

第65行告诉模型x=x_train。这告诉模型使用x_train
数组中的数据来训练网络。请记住，"训练"意味着调整权重的值，使输出等于
y_train 数组中的值。

第66行"y=y_train"告诉模型，当我们将x_train数组中的数据输入给模型时，它
需要调整权重，以便输出等于 y_train 数组中的内容。

第67行显示"epochs=10"。正如我们在前几章中提到的，当整个训练集（在我们
的例子中是　　　　　x_train　　　　　的全部内容）通过网络进行训练时，就会发生一个
epoch。因此，在我们的示例中，整个训练集通过网络（或训练网络）十次。

第　68　行指出批处理大小等于　5。这意味着，在　x_train　数组中每输入　5
条数据后，权重都会进行调整，以便获得更准确的　　　　CNN。具体来说，我们知道
x_train数组由矩阵组成。因此，在将五个矩阵输入网络后，权重将被更新/更改
，以使它们与 y_train 中的"标签"（1 和 2）匹配。然后，再输入五个

矩阵输入到网络中后，权重将再次更新/更改。这种情况会一直持续到我们用完
x_train　　　数组中的数据为止。当所有数据都通过网络运行时，一个　　　　　epoch
就过去了。由于第 67 行表示我们有 10 个 epoch，因此这个过程将发生 10 次。

第 69 行只是告诉网络使用 x_test 和 y_test
中的数据来验证模型。"验证模型"意味着 x_test 和 y_test
数组用于评估模型的性能或模型的准确性。换句话说，在通过 x_train 和 y_train
数组创建和训练模型后，"x_test"中的矩阵被输入到网络中。如果每个语音矩阵的
输出正确匹配 y_test 中的"1"或"2"，我们将获得 100%
的准确率。或者，如果每个语音矩阵的输出在 50% 的时间内正确匹配 y_test
中的"1"或"2"，我们将获得 50%
的准确率。当我们运行代码时，这将显示在输出中。它将是这样的：

```
val_accuracy: 0.50
```

创建用于二进制输出分类的前馈人工神经网络

请记住我所说的"**每个**语音矩阵的**输出**"是什么意思。当**我**们将位于   x_test
中的每个语音矩阵输入网络时，网络的最后一层将为我们提供一个输出。此输出将
是   1（对于   Eva）**或**   2（对于   Joe）。这个输出将与   y_test
中的数字进行比较。如果输入 x_test **中的所有矩**阵的所有输出都与位于 y_test
中的 1 和 2 匹配，那么我们将获得 100% 的准确率。

每次训练都会显示损失和准确率。因此，由于训练次数为十次，因此损失和准确率
的数字将显示十次。每次训练显示的损失是每次训练集中每个示例的错误总和。

```
70 score = model.evaluate(
71     x=x_test,
72     y=y_test)
```

在 x_test 和 y_test 的数据输入到模型中后，第 70 **行到第** 72 **行使用第** 63
行指定的指标评估模型的性能。第 70 **行到第** 72
行会在屏幕上显示最终的损失数字和最终的准确度数字。"model.evaluate"**方法**
返回一个包含损失和准确度的列表。第 70
行指定我们将列表命名为"score"。请记住，我们可以为该列表使用任何名称。在
Python 中，**等号左**侧的名称是我们决定的。如果我们愿意，我们可以将其称为
mud，**而不是**"score"。**重要的是，我**们明白这个列表包含两个项目：一个损失数
字和一个准确度数字。运行第 70 **行到第** 72 **行的代码将产生如下所示的输出：**

```
1/1 [==============================] - 0s 314ms/step -
loss: 0.1000 - accuracy: 0.5277
```

"evaluate" 函数给出了此输出。您还必须记住，损失值 (0.1000) 和准确率 (0.5277) 放在一个名为"score"的列表中。当我们要求 Python 使用代码 print(score) 打印出此列表时，我们将以列表的形式收到损失和准确率，如下所示：

```
[0.1, 0.5277]
```

请记住，损失是测试集（x_test和 y_test）中所有示例的错误总和。而准确度是输入整个测试集后网络正确分类语音矩阵（属于 Eva 或 Joe）的次数百分比。每次将 x_test 数组中的语音矩阵输入网络时，都会给出一个输出。如果语音是Eva 的，则希望输出为"1"，如果语音属于 Joe，则希望输出为"2"。但如果网络没有输出正确的数字，则将使用输出数字和正确数字之间的差异来计算"损失"。损失函数（在第62 行指定）用于计算此损失。将x_test 数组中的所有项目输入网络后，所有这些损失将加在一起以得出损失数字，这就是第 70 行的评估方法返回的结果。

请注意，在上面显示的列表 ([0.1, 0.5277]) 中，0.1 位于列表的"零"索引中，而 0.5277 位于列表的"一"索引中。这对于接下来的两行代码来说很重要。

```
73 print('Test loss:', score[0])
74 print('Test accuracy:', score[1])
```

第 73 行用于清楚地表明损失是多少。print 命令将首先打印单引号内的文本，然后打印列表"score"的零索引中的数字，正如我们刚才所说，该数字是 0.1。

类似地，第 74 行将打印列表 "score"的一个索引中的所有内容，即我们的准确率，即 0.5277。

此信息是多余的，因为第 70 行已经显示了损失和准确率，但我想展示如何在 python 中添加自己的文本以显示或指示变量或数字。

创建用于二进制输出分类的前馈人工神经网络

```
#Use the predict function to see if the network will output
#a "1" after we input a spectrogram matrix of a totally new
# sample of Eva's voice

75 y, sr = librosa.load('C:/audio files/New_Eva.wav',
   duration=2.97)

76 ps = librosa.feature.melspectrogram(y=y, sr=sr)

77 ps = np.array([ps.reshape( (128, 128, 1) )])

78 voice_pred=model.predict(ps, verbose = 0)
79 print (voice_pred)
```

第75行之前的注释描述了第75行到第79行的功能。在这里，我们将输入一个表示**Eva声音的全新**录音的矩阵，并查看"1"**是否**为"预测"。对于我们的例子来说，比"预测"**更好的**术语可能是"分类"。

第75行将加载Eva**声音的新**录音的波形文件（以前未用于训练或测试的文件）。它将从名为"**音频文件"的文件**夹中加载New_Eva.wav**文件**，该文件夹位于我的计算机的"C"驱动器中。

回想一下为什么我们要确保每个音频文件的持续时间为2.95秒。我们也在代码中的第 10 行和第 16 行中这样做了。我们将这 2.95 秒除以 23 毫秒的增量。这为我们在频谱图的水平轴上提供了128个时间划分。请记住，我们需要 128 X 128 的输入形状。当您查看第 44 行和第 45 行的代码时，您会看到模型的构造是为了接收128X128的输入形状/大小。这只是模型的创建方式。我们也可以给出更大或更小的尺寸，并调整第 44 行和第 45 行以适应它。

第76行的代码返回一个128X128的numpy数组，我们将其命名为"ps"。它传统上被称为"ps"来代表"音调变换"，但是您可以随意命名。"y"从上一行（第 75 行）中获取"y"的值，我们的"sr"也从上一行（第 75 行）中获取"sr"的值。

因此，第76行返回的数组有 128 个时间间隔，频谱图的音频文件的频率范围分为 128 个分量。因此，第 76 行返回一个 128 X 128 矩阵。回想一下，我们必须在代码中重新调整 x 训练数据。我们还需要重新调整 128 X 128 矩阵以包含另一个包含"1"的维度。这是因为我们网络的输入形状是 128 X 128 X 1。这在第 44 行的代码中显示：input_shape=(128, 128, 1)。第 77 行执行此重塑并将新重塑的矩阵放入名为 ps 的 numpy 数组中。

因此，任何时候我们想要将新的语音矩阵输入到该网络中以识别/分类说话者时，我们都需要确保新语音矩阵的形状为 128 X 128 X 1。

矩阵重塑后，我们将其用作模型使用点(.)运算符调用的预测函数中的参数。预测函数将名为"ps"的矩阵输入到网络中并返回一个数字。如果准确，它将返回数字1，以正确对Eva的声音进行分类（请记住，新输入的波形文件是Eva声音的新录音）。我将这个预测数字命名为voice_pred，是"语音预测"的缩写。

第 78 行的预测函数返回一个数字，但是直到运行打印预测数字的第 79 行时，我们才能看到这个输出。

创建用于二进制输出分类的前馈人工神经网络

"预测"("predict")函数的一个参数是"verbose"。将 verbose 设置为 0
表示无输出。将verbose设置为1表示进行预测所需的毫秒数。请尝试两种方式的
代码。

为了进一步清晰和"用户友好"，您可以在下一页包含代码。第80
行包含一个"if"语句，因此如果预测函数返回的数字等于 1，则执行第 80
行下缩进的代码。使用双等号，因为在Python
中，单个等号用于为变量赋值，两个等号用于表示第80
行是测试语句。我们不确定每次使用预测函数时它都会输出"1"。双等号就是所谓
的 "比较运算符"。比较运算符用于比较值，它们返回 True 或 False。如果
voice_pred 确实是"1"并且只有"1"，则执行第 81
行并打印出单引号中的内容。我们可以为 Joe 添加一个类似的语句，测试
voice_pred 是否等于"2"。我将把它留给读者作为练习来完成。

```
80 if voice_pred == 1:
81     print ('This voice matrix belongs to Eva')
```

当我运行整个代码时，我得到的准确率为56%或0.56。这对于神经网络来说不是
很好。但是，考虑到我的 x_train 数据集中只有 40 个条目（而我的 y_train
数据集中有 40 个相应的条目），这个准确率还是不错的。为了获得良好的

准确率，则需要训练集中的数百甚至数千个条目。这里我只有 40 个。我不想折磨
Eva 和 Joe 录制数千条他们的声音，所以我为每个人设置了 40
个（其中一些录音用于测试）。在我的示例中，我有40 个矩阵用于训练模型，13
个矩阵用于测试模型。我的文件夹包含来自Eva的40个样本（位于名为"folderEv
a"的文件夹中），以及来自Joe的40个样本（位于名为"folderJoe"的文件夹中）
。还记得吗，当我们在第30行使用带有random.shuffle函数的代码时，这些文件
夹的内容是混合的？因此，您会认为我们总共有 80 个语音矩阵样本，40 个来自
Joe，40 个来自 Eva。在我的示例中，我确实有 40 个样本用于训练，但 x_test
数组中只有13个用于测试（而不是40个）。这是因为，在我的示例中，一些音频
文件矩阵在第 12 行和第 18 行被"剔除"，因为它们不是使用代码的 128 X 128
形状：if ps.shape != (128, 128): continue.

那么，什么才是好的准确率呢？这个问题并不像听起来那么简单。没有正确答案。如果你的神经网络的输出是一个预测 9 月份会下多少天雨的数字，那么 70% 的准确率可能还不错。但是，如果你的神经网络的输出是一个表示某种治疗癌症的药物的正确剂量的数字，那么70%的准确率可能就不那么好了。请参阅本文末尾的附录 1，了解如何创建更好的神经网络并获得更好的准确率。

请注意： 请记住，我使用 Spyder IDE 来运行此程序的所有代码。我还使用了 Jupyter Notebook。如果您使用的是基于云的IDEGoogle Colab，则无法使用第 75 行的代码。为了使用 Google colab 上传文件，您必须将文件放在您的 Google Drive上，该驱动器位于云端，而不是您的计算机上。上面的代码用于加载位于计算机硬盘上的音频文件，而不是云端或GoogleDrive。您应该能够将上面的代码用于任何基于计算机的PythonIDE。在本文末尾的附录B中，我展示了如何上传文件以在 Google Colab 中使用。

创建用于二进制输出分类的前馈人工神经网络

第八章

汤普森抽样 (Thompson Sampling)

强化学习是机器学习的一个领域，用于根据先前的数据决定在特定时间采取什么行动。强化学习的概念用于人工智能应用，例如自动驾驶汽车和国际象棋等游戏。汤普森抽样使用了这个概念。

有时您需要确定在众多候选者中哪些选项最成功。汤普森抽样将以最少的时间完成此操作，以最少的次数测试每个候选者。解释汤普森抽样的最佳方法之一是使用一组老虎机作为示例。假设我们有十台老虎机。我们的目标是找出哪些机器最有可能支付大奖。我们可以尝试每台机器，比如说，一千次，看看哪些机器最有可能中大奖。但这将是一种非常昂贵且耗时的方法。相反，使用汤普森抽样，我们将首先随机挑选一台老虎机，在一定数量的试验中（本章的例子中为 100 次），我们将选择一台支付记录更好的机器，然后看看这台机器是否真的支付了大奖。如果是，那台机器就会有所谓的"奖励"。而这个奖励将增加这台特定老虎机被指定为"选定"的概率。这样，最后我们就会得到一份列表，列出每台机器被选中的次数。

选定的老虎机以及在我们100次试验中被选中次数最多的老虎机。被选中次数最多的老虎机是我们认为最成功且比其他老虎机更擅长支付大奖的老虎机。请记住，这是对汤普森抽样的非常简单的解释，但足以让您直观地了解汤普森抽样的工作原理。阅读每行代码的解释将进一步阐明您。

在我解释每一行代码之前，请先看一下整个代码流程，这样你就会知道行中的缩进属于哪里。我使用JupyterNotebook来运行代码。我注意到，当我第一次运行代码时，**图8.1中所示的**应该是第33行到第37行代码输出的一部分的图形并没有显示出来。然而，当我第二次运行它时，它确实显示了出来。这就是为什么我在这本书中一直在说，一次运行几行代码最终比一次运行整个代码更容易理解。在JupyterNotebook中，**一次运行几行代码**或一次运行部分代码的方法是将一组代码行输入到单独的单元格中，然后单击单元格并选择 "Run Cells" 来自 "Cell" **下拉菜**单。即使您选择的是"RunCells"(运行单元)**从菜**单中，只有一个单元格会运行（即您单击的单元格）。例如，您将在**图8.0中看到第一个**单元格被突出显示，周围有一个矩形，这意味着它已被单击或选择。矩形将为绿色。这意味着如果您选择"RunCells"来自"Cell"菜单中位于第一个单元格中的代码将运行。运行第一个单元格后，单击第二个单元格并选择"RunCells"**来自**"Cell"**菜**单运行第二个单元格中的代码。然后继续该过程。请注意，在**图8.0****中**，**每个**单元格前面都有以下脚本：In[].这表示输入。有关如何使用JupyterNotebook**的**详细信息和进一步说明，请参阅以下网站：jupyter.org。

如果您以这种零碎的方式运行代码，您将真正更好地理解代码的每个部分所完成的任务。

Figure 8.0 Jupyter Notebook IDE 由一系列单元格组成.

汤普森抽样 (Thompson Sampling)

```
In [ ]: import random
        import pandas as pd
        import matplotlib.pyplot as plt

In [ ]: data = {}
        data['S1'] = [random.randint(0,1) for x in range(100)]
        data['S2'] = [random.randint(0,1) for x in range(100)]
        data['S3'] = [random.randint(0,1) for x in range(100)]
        data['S4'] = [random.randint(0,1) for x in range(100)]
        data['S5'] = [random.randint(0,1) for x in range(100)]
        data['S6'] = [random.randint(0,1) for x in range(100)]
        data['S7'] = [random.randint(0,1) for x in range(100)]
        data['S8'] = [random.randint(0,1) for x in range(100)]
        data['S9'] = [random.randint(0,1) for x in range(100)]
        data['S10'] = [random.randint(0,1) for x in range(100)]

In [ ]: data = pd.DataFrame(data)
        observations = 100
        machines = 10
        machine_selected = []
        rewards = [0] * machines
        penalties = [0] * machines
```

快速查看以下页面上的代码，了解流程和缩进。然后在运行代码之前仔细阅读后面每行代码的解释（一次阅读一段）。

```python
import random
import pandas as pd
import matplotlib.pyplot as plt


data = {}
data['S1'] = [random.randint(0,1) for x in range(100)]
data['S2'] = [random.randint(0,1) for x in range(100)]
data['S3'] = [random.randint(0,1) for x in range(100)]
data['S4'] = [random.randint(0,1) for x in range(100)]
data['S5'] = [random.randint(0,1) for x in range(100)]
data['S6'] = [random.randint(0,1) for x in range(100)]
data['S7'] = [random.randint(0,1) for x in range(100)]
data['S8'] = [random.randint(0,1) for x in range(100)]
data['S9'] = [random.randint(0,1) for x in range(100)]
data['S10'] = [random.randint(0,1) for x in range(100)]


data = pd.DataFrame(data)
observations = 100
machines = 10
machine_selected = []
rewards = [0] * machines
penalties = [0] * machines
```

汤普森抽样 (Thompson Sampling)

```
total_rewards = 0


for n in range(0, observations):
    slotmachine = 0
    beta_max = 0


    for i in range(0, machines):
        beta_dis = random.betavariate(rewards[i] + 1, \
            penalties[i] + 1)
        if beta_dis > beta_max:
            beta_max = beta_dis
            slotmachine = i
    machine_selected.append(slotmachine)


    reward = data.values[n, slotmachine]
    if reward == 1:
        rewards[slotmachine] = rewards[slotmachine] + 1
    else:
        penalties[slotmachine] = penalties[slotmachine] + 1
    total_rewards = total_rewards + reward
print("\n\nRewards By Machine = ", rewards)
print("\nTotal Rewards = ", total_rewards)


print("\nMachine Selected At Each Round By Thompson \
    Sampling : \n", machine_selected)
```

```
#Graphing the number of rewards of each machine

plt.bar(['S1','S2','S3','S4','S5','S6','S7','S8','S9',\
'S10'], rewards)
plt.title(' Number of Rewards of Each Machine ')
plt.xlabel('Slotmachines')
plt.ylabel('Rewards By Each Machine')
plt.show()

#Number Of Times Each Machine Was Selected
from collections import Counter
print("\n\nNumber Of Times Each Machine Was Selected By   \
The Thompson Sampling Algorithm : \n",  \
dict(Counter(machine_selected)))

#Visualizing the Number Of Times Each Machine Was Selected
plt.hist(machine_selected)
plt.title('Histogram of machines selected')
plt.xlabel('Slotmachines')
plt.xticks(range(0, 10))
plt.ylabel('No. Of Times Each Slot Machine Was Selected')
```

汤普森抽样 (Thompson Sampling)

```
plt.show()
```

解释每一行代码

```
1 import random
```

此行导入了随机库，我们需要 randint
函数从中生成随机整数，如下所述，我们可以看到该函数的使用。

```
2 import pandas as pd
```

第 2 行导入 pandas 库。

此库可帮助我们处理数组和列表，正如我们在此示例中经常做的那样。我们将库命名为"pd"，因为我们会经常将其输入到代码中，而不是输入"pandas"，因为它是"pandas"的缩写。

```
3 import matplotlib.pyplot as plt
```

这一行导入了matplotlib库，我们将使用它来制作和显示数据图表，显示所选老虎机和所选老虎机的频率，如下所示。我们再次为该库赋予缩写形式"plt"，因为我们将经常使用它的函数来输入它。

```
4 data = {}
```

第 4 行创建了 Python 中所谓的"字典"(dictionary)。

字典是一种将一个值映射到另一个值的数据结构。您将在下面看到我们将值映射到 S1、S2、S3、S4 等。

```
5   data['S1'] = [random.randint(0,1) for x in range(100)]
6   data['S2'] = [random.randint(0,1) for x in range(100)]
7   data['S3'] = [random.randint(0,1) for x in range(100)]
8   data['S4'] = [random.randint(0,1) for x in range(100)]
9   data['S5'] = [random.randint(0,1) for x in range(100)]
10  data['S6'] = [random.randint(0,1) for x in range(100)]
11  data['S7'] = [random.randint(0,1) for x in range(100)]
12  data['S8'] = [random.randint(0,1) for x in range(100)]
13  data['S9'] = [random.randint(0,1) for x in range(100)]
14  data['S10'] = [random.randint(0,1) for x in range(100)]
```

上面从第 5 行到第 14 行的每一行都在为每台老虎机（S1 到 S10）创建一个值列表（0 或 1），每次试验 100 次（注意范围包含括号中的"100"）。如果你看第一行，例如"老虎机 #1"（我们命名为"S1"）被随机分配 0（表示无大奖）或 1（表示大奖）一百次，因此"S1"将有 100 个条目。这些条目中的每一个都将是"1"或"0"。这些数字是随机分配的。

在现实生活中，当我们按照代码操作时，我们会尝试"选定"的老虎机（参见后面的其余代码），看看它是否会给我们带来大奖。但是，由于我向您展示的这个示例没有使用真正的老虎机，因此我正在创建一个 DataFrame（见下文），它将有 100 行，代表一百次试验和十次

列代表十台老虎机。在现实生活中，当我们尝试这些机器时，我们会看到哪些机器会给我们带来大奖，但由于我们正在模拟机器，所以我们假装其中一些机器会给我

们带来大奖，而另一些则不会。调用的函数 "random.randint(0,1)" 将在 100 次中为每台机器分配 0 或 1。在我们的程序中（您稍后会看到），python 将在100次中随机选择十台老虎机中的一台，然后查看该机器是否真的赢了。我们在上面的代码行中所做的是创建一个模拟场景，即哪台机器会在哪次试验中支付大奖。当代码运行时，我们将创建数据，显示机器是否真的会支付以及在哪次可能的试验中支付。随着您继续遵循后面的代码，这一点应该会变得更加清晰。

```
15 data = pd.DataFrame(data)
```

第 15 行使用 pandas 库 (pd) 创建一个名为 DataFrame 的数据结构，该结构将每台老虎机显示为一列(S1, S2, S3 etc.) 并将每个潜在试验作为一行。这有点像包含行和列的数据的 Excel 电子表格。

DataFrame中的数据是由上面的十行代码生成的，使用 "random.randint(0,1)"

函数。再一次，这些数据向我们展示了哪些机器会支付大奖以及在哪次特定的试验中（从 1 到 100）。但是，如果我们运行代码 *print(data)* 我们可以看到 DataFrame 是什么样子的。当我运行代码时，我收到一个 DataFrame 如下：

	S1	S2	S3	S4	S5	S6	S7	S8	S9	S10
0	1	0	1	1	1	1	0	0	1	0
1	1	0	0	0	0	0	1	0	0	1
2	0	0	1	1	1	0	0	0	1	0
3	1	1	1	0	1	1	1	1	0	1

4	0	0	0	0	1	1	0	1	0	1
...	...	...	...	...	...	...	...	...	...	...
95	0	0	0	0	1	1	0	1	0	1
96	1	1	1	1	1	0	1	0	0	1
97	1	1	0	1	1	1	0	0	1	0
98	0	1	0	1	0	0	0	0	1	0
99	1	0	1	1	1	0	0	1	1	0

请注意，试验（或行）的编号从 0 到 99。这仍然给了我们 100 行（试验）。在 Python中，行从0开始编号。还请注意，并非所有"100"行或试验都显示出来。Python这样做是为了简洁。用于显示DataFrame的代码很简单：print(data)。我们也可以简单地运行代码：data。在JupyterNotebook中，您可以将此代码放在单独的"单元格"中，单击单元格，然后选择 "Run Cells" 来自"Cells"菜单位于顶部。其他 Python IDE 也有运行单独代码行的方法。在 Spyder 中执行此操作的方法已在前面的章节中解释过。

如果您查看上文，您会发现我们将 DataFrame 命名为"data"，因此只需输入单词 data 并运行它即可显示我们的 DataFrame。请注意，正如前面提到的那样，老虎机的名称显示为列（S1、S2、S3、S4、S5、S6、S7、S8、S9、S10），而试验显示为行。还请注意，每个老虎机和每次试验都分配有"0"或"1"。再次强调，这些都是由 random.randit 函数随机分配的，它会告诉我们如果我们在某次试验中选择了一台机器，它是否会给我们带来大奖。在现实生活中，我们只有通过实际玩它才能知道一台机器是否给我们带来了大奖（除非您掌握有关老虎机的一些内部信息！）。重申一下，通过查看 DataFrame，您可以看到在第 4 次试验中，老虎机 #1（S1）获得了大奖。第 4 次试验在第 3 行，因为我们从 0 开始对行进行编号。

汤普森抽样 (Thompson Sampling)

```
16 observations = 100
```

我们将从十台老虎机中选择一台，程序将使用下面的代码（下面将对此进行解释）来确定这台老虎机。选择特定老虎机的算法将迭代 100 次。为了更好地了解哪些老虎机实际上更有可能支付，当然最好使用更多迭代。我们可以使用一千次迭代，一些 Thompson 采样程序可以做到这一点。但为了保持简单并让您的计算机处理时间更快，我们坚持使用一百次作为示例。此外，在现实生活中，尝试每台选定的老虎机一千次而不是一百次的成本要高得多。因此，我们创建并声明一个名为"observations"的变量，它在第 16 行等于 100。还请记住，如果代码的推理或解释到目前为止似乎令人困惑，那么随着更多代码的解释，它应该会变得更加清晰。

```
17 machines = 10
```

在第 17 行中，我们创建了一个名为"machines"的变量，并为其分配了 10 的值。这代表我们要从中选择能够赢得大奖的最佳候选者的10台老虎机。目前，我们还没有确定"最佳候选者"的具体数量。最后，我们将看到算法将选择每台机器多少次，然后确定最佳候选者是被选中次数最多的机器。

```
18 machine_selected = []
```

在第 18 行，我们声明并创建了一个列表，该列表将用于保存 Thompson Sampling 为特定轮次或观察选择的机器。列表是 Python 中的数据结构，我们可以添加或更改它。列表可以包含每个条目的相同类型的变量，或者条目可以是不同类型的变量。例如，我们可以有一个整数、字符和浮点数的列表。这里我们使用列表来保存整数。最后我们的列表将保存100个整数。这些整数

将由数字 1 到 10 组成（代表老虎机 1、2、3、4、5、6、7、8、9 和 10）。换句话说，当算法选择其中一台老虎机时，比如说 #5，它会将"5"添加到列表中。在下一轮中，它可能会选择老虎机 1。然后它会将"1"添加到列表中。这将持续一百次迭代（如下所示），最终我们会得到一个列表，如下所示：[5, 1, 2, 1, 1, 6, 5, 10, 5...9] 最终列表中将有 100 个条目，每个数字（1 到 10）代表一台老虎机。正如您所见，算法可以多次选择同一台机器。

每台机器都是根据其分配的 beta

分布进行选择的。但首先，分配取决于与每台机器相关的奖励和惩罚。再说一次，随着更多代码的解释，这一点应该会变得更加清晰。

```
19 rewards = [0] * machines
```

在第 19 行，我们创建并初始化一个包含奖励变量的列表。此列表将保存由汤普森抽样算法选择的每台老虎机收到的奖励或 1 的数量，我们将在下面解释。当我说 1 的数量时，我指的是每台机器收到的1 的数量。例如，最后这个列表可能看起来像这样：[0, 8, 10, 5, 10, 1, 5, 12, 0, 0] 这意味着老虎机一号收到奖励 0 次，老虎机二号收到奖励 8 次，老虎机三号收到奖励10 次，老虎机四号收到奖励 5 次，老虎机五号收到奖励10次，依此类推，直到我们看到老虎机十号收到奖励0次。请记住，这个特定结果是假设的。您最终的列表可能包含每台机器的不同数量。

汤普森抽样 (Thompson Sampling)

请注意，每台机器的数量都初始化为零（[0]），**并且列表乘以变量"machines"（**
***machines），**该变量的值为10。**因此，列表中将有10**
个位置，每个位置将显示该位置的机器收到的奖励数量

（即**列表中的第一个位置**对应于机器 1，**机器上的第二个位置**对应于机器
2，**等等）基本上，此列表将**显示每台老虎机获得奖励的次数。第 19
行向我们展示了列表在十个位置中的每个位置都初始化为 0。**因此，**执行第 19
行后，列表将如下所示：rewards = [0,0,0,0,0,0,0,0,0,0]

关于这行代码的最后一点说明：请记住，在此代码中，我刚刚解释过的名为"rewa
rds"**的**变量或列表与我将在下面显示的变量"reward"**不同。**"rewards"显示每台机
器获得奖励的次数，而"reward"**将**显示当我们尝试某台机器时（即，当我们拉动
其杠杆时，当然下面会模拟）是否给我们大奖。

```
20 penalties = [0] * machines
```

这里我们创建并初始化一个包含"惩罚"变量的列表。我们知道这是一个列表，因为
我们可以看到方括号：[]。**此列表将保存由**汤普森抽样算法选择的每台老虎机收到
的惩罚或 0 的数量，我将在下面解释。当我说 0
的数量时，我指的是每台机器收到的 0
的数量，就像上面关于上一行涉及奖励的代码所解释的概念一样。[0] **和代码：***
machines具有与上面解释的相同的意义，只是这次我们处理的是惩罚（未支付大
奖）而不是奖励（支付大奖）。比如最后运行完所有代码之后，这个列表可能看起
来像这样： [1, 11, 0, 6, 2, 6, 9, 3, 14, 20] 这意味着老虎机一号受到惩罚 1
次，老虎机二号受到惩罚 11 次，老虎机三号受到惩罚 0 次，等等。

```
21 total_rewards = 0
```

在第 21 行，我们创建了一个名为 total_rewards
的变量，我们将使用它来告诉我们给出的奖励总数（给予任何一台机器的奖励数量都会被加起来得出这个数额，我们将在第 29 行看到）

```
22 for n in range(0, observations):
       slotmachine = 0
       beta_max = 0
```

在第22行，我们有一个for循环。此for
循环将使任何在其下缩进的代码重复"n"次。在这里，"n"从0
开始，直到名为"observations"的变量减
1。如果您还记得的话，这个变量被赋予了100
的值。回想一下，我们上面说过，选择某台老虎机的算法将迭代100
次。我们需要使用所谓的随机beta分布选择一台机器100
次。这将在代码中很快显示和解释。您会注意到，如果范围是从0到
100，则这看起来是 101 次迭代（0 到 100 共 101 个数字）。但是，在
python中，for循环停止在比我们在循环中给出的最后一个数字小一个的数字处。
因此实际上 for 循环将迭代 100 次，因为它将从 0 到 99（比 100
小一）。因此，在到达最后一行缩进的代码后，此for循环下缩进的所有代码都会
重复，该代码声明："total_rewards = total_rewards +
reward"，我们将在前面的第 29 行看到。

汤普森抽样 (Thompson Sampling)

执行此行后，程序将转到上面的行，声明"for　n　in　range(0, observations):"，**然后开始再次**执行每行缩进的代码，直到到达以下行："total_rewards=total_rewards+reward"。为了更好地了解它的工作原理，最好完整地查看程序的代码，如本章前面所示，当您阅读**代码**在这里，翻回去看看整个代码，或者更好的是，在一张单独的纸上打印出本章前面显示的全部代码，并在阅读过程中参考它。这样可以更好地看到哪些行缩进，从而知道哪些行是重复的。这个　for　循环下面的两行将"slotmachine"的值初始化为零，将　beta_max **的值初始化为零（我们将使用　beta_max　变量并在后面的代码中解释它。在python中，当我**们创建或声明一个变量时，我们不需要用某个值初始化它。但是，在这里我们这样做是为了清晰和方便，而不是在两行单独的代码上声明变量并初始化它。在接下来的代码**中，我们**需要使用变量"slotmachine"**来跟踪每**轮中选择了哪台机器。这个变量的范围从　0　**到**　9，**涵盖所有十台老虎机，正如我**们将在第 25 **行看到的那样。**

```
23    for i in range(0, machines):
```

当程序到达第　　23　　**行时**，它会遇到另一个　　for　　**循**环。此　　for 循环将重复在其下缩进的任何行。换句话说，从以下行开始的所有行：beta_dis = random.betavariate(rewards[i] + 1, penalties[i] + 1) **到** slotmachine = i，**都会被重复**。它从0重复到"machines"的值减一，这个值恰好是 9，因为我们有十台机器（十减一等于九）。再次，当您阅读此代码解释时，请查看本章前面所示的完整代码。基本上，对于每个观察值（从0到 99），**我**们需要遍历每台机器并选择具有最高随机

beta 分布的机器，如下面的代码所示。回想一下，正如我们上面提到的，在 python 中，"for 循环"括号内的最后一个数字不算作迭代。因此，当我们有"for i in range(0, machines)"，或者在这种情况下，由于 machines 本质上等于 10，当我们有"for i in range(0, 10)"时，我们实际上有从 0 到 9 的迭代，因为在 python 中括号中的最终数字不是迭代之一。

```
24  beta_dis = random.betavariate(rewards[i] + 1,\
       penalties[i] + 1)
```

第 24 行将来自 beta 分布的随机值赋给变量 beta_dis（以 beta 分布命名），并且该分布在上方"for 循环"的每次特定迭代中将取决于参数 rewards[i]和penalties[i]的值。这些参数分别代表由"i"表示的某台机器的中奖次数和无中奖次数。例如，当i等于0时，那台机器就是我们的第一台机器。第一个参数越大越好，生成的随机值也越高。第二个参数越大越差，生成的随机值也越低。稍后您将看到生成最高值的机器将被选中（具有最高 beta_dis 的机器）。

```
25      if beta_dis > beta_max:
           beta_max = beta_dis
           slotmachine = i
```

汤普森抽样 (Thompson Sampling)

第 25 行包含一个"if"语句。此行测试名为 beta_dis 的变量是否大于名为
beta_max 的变量。如果大于，则执行其下方缩进的下两行代码。如果名为
beta_dis 的变量大于名为 beta_max 的变量，则我们使变量 beta_max 等于
beta_dis。变量 slotmachine 被赋予"i"的值，该值对应于其上方"for
循环"中给出的"i"的值，该值将是 0 到 9 之间的数字。到目前为止，回顾最后 4
行代码，我们从 beta 分布中随机为 beta_dis 分配一个数字，这个 beta
分布取决于特定机器有多少奖励和多少惩罚。如果该数字大于上一次迭代或最后一
台机器的 beta_max 的最后一个值，那么我们为 slotmachine
分配一个与"i"相对应的值，该值是一个数字（0 到
9），对应于特定的老虎机（老虎机 1 到 10）。这将迭代 10
次（每台老虎机一次），在 10 次迭代完成后，我们最终会得到一台具有最大
beta 值的特定机器（从 0 到
9）。请记住；将每台老虎机视为具有一个数字名称，从 0 到
9（加起来有十台老虎机）。

```
26    machine_selected.append(slotmachine)
```

在代码的前面，我们创建了一个名为"machine_selected"的列表。在上面的行
中，我们向该列表添加内容。请注意，在第二个（缩进的）for 循环完成对 10
台老虎机的 10 次迭代后，我们点击了此行。它此时，将选择具有 beta

分布最大值的老虎机，然后将其添加到"machine_selected"列表中，以便最终在我们的整个程序运行完成后，我们可能会得到如下 machine_selected 列表：

```
[0,9,1,1,2,3,7,1,0,0,0,2,9,8,8,6,4,2,1,1,1,1,6,0,0,0,5,3,4,
4,9,7,2,0,0,0,1,7,7,6,4,1,0,1,0,0,3,8,5,3,1,0,0,4,4,6,8,7,0
,0,0,1,1,1,3,5,7,8,9,2,7,6,0,0,0,1,2,1,1,4,4,2,8,6,1,0,0,1,
6,5,4,0,0,1,6,1,7,8,8,4]
```

请注意，列表中有 100 个机器编号。这是因为当我们完成第一个"for 循环"的所有 100次迭代时，我们将选择100次老虎机。列表显示每次迭代中选择了哪个老虎机（从列表中的第一个位置或第一个索引（索引0）到列表末尾（索引 99）。例如，在第一次迭代期间，似乎选择了老虎机0。我知道这一点，因为列表中的第一个位置为零。在第 100 次迭代（或迭代 #99）期间，选择了老虎机 4，因为我们可以在列表末尾看到4。还请注意，即使我们有十台老虎机，列表中也没有机器 #10。这是因为我们之前解释过，在 Python 中，我们从零开始"for 循环"，并以比机器数量少 1 结束。也就是说，我们的循环从 0 到 9，如果您有 0 到 9

汤普森抽样 (Thompson Sampling)

台机器，**那么您**实际上确实有十台机器。您也可以认为我们重命名了机器（机器 1 **重命名**为 0，机器 2 **重命名**为 1，机器 3 **重命名**为 2，机器 4 **重命名**为 3，机器 5 **重命名**为 4，机器 6 **重命名**为 5，机器 7 **重命名**为 6，机器 8 **重命名**为 7，机器9重命名为8，机器10重命名为9）。**最后我们仍然有十台机器。**您可以将其视为机器零到九，而不是机器一到十。我们可以从1**开始循环**，但是我们使用的变量"machines"**的**值为十，在我们的"for 循环"**中我**们写道：for i in range(0, machines)。**您需要了解，通**过使用"machines"（或10）**作**为括号中的最终值，python **将从 0 迭代到**"machines"**减一（即 9）。如果最终迭代是9，我**们需要从零开始才能获得十次迭代。上述循环的替代方法是编写：for i in range(0,11)。**这里11减1将得到十次迭代。**换句话说，"i"**将取从一到十的值。但**在我们的示例中，"i"**取从0到9的**值。无论哪种方式，我们都在迭代十台机器。你可以这样思考：在Python中，"for循环"**括号中**给出的最后一个值实际上是显示的值减一。

```
27    reward = data.values[n, slotmachine]
```

第   27
行模拟我们拉动所选老虎机的杠杆，看看它是否给我们带来了大奖（我说"给我们带来了大奖"**的意思是**给我们钱）。此行上方的代码行选择某个老虎机供我们测试（以查看它是否支付大奖）。一旦我们根据其beta值确定要测试哪台老虎机（针对100轮中的每一轮），我们就会查看我们之前创建的数据框。请参阅之前的代码。回想一下，我们创建了一个数据框并将其命名为"**数据**"。在这个本质上是电子表格或网格的数据框中，我们编写了python代码，随机选择哪台（或多台）机器会在哪一轮支付大奖。我们需要制作这个网格来模拟十个老虎机的潜在支付历史

机器。请记住，在现实生活中，我们只会测试 Python 代码在代码 slotmachine = i 中告诉我们的机器。您记得的"i"对应于内部 for

循环的所有十次传递后选择的机器编号。重要的是要了解 for

循环的所有十次传递何时完成，我们只剩下一台选定的老虎机（名为"i"），即汤普森抽样算法告诉我们"试用"的老虎机。它不一定是能给我们带来大奖的老虎机。在算法选择了那台特定的机器之后（因为它在 100 轮中具有最大的 beta

值），我们试用那台特定的机器，看看它是否能给我们带来大奖。上面的代码创建了一个名为"reward"（不是以 s 开头的

rewards）的新变量，这个变量对应于我们之前创建的名为"data"的 DataFrame 中的值，它位于行"n"和列"slotmachine"。回想一下，"slotmachine"的值为"i"，因为我们在"if 语句"中的以下行中将其设置为 i：slotmachine = i。还要记住，"i"对应于特定的老虎机。如果回到我们创建名为"data"的 DataFrame 的部分，你会看到列对应于老虎机（S1 到 S10），行对应于 100 轮（0 到 99）。

```
28    if reward == 1:

         rewards[slotmachine] = rewards[slotmachine] + 1

      else:

        penalties[slotmachine] = penalties[slotmachine] + 1
```

在第28行中，我们测试DataFrame
中名为"data"的行"n"和列"slotmachine"的值是否等于
1。如果是，则执行"if"语句下缩进的下一行，从而使列表称为"奖励"

汤普森抽样 (Thompson Sampling)

（带有s）加一。换句话说，该老虎机在"奖励"列表中的位置所代表的奖励加一。例如，在整个程序执行结束时，我们可能会有一个类似这样的"奖励"列表：[2，36，7，12，5，9，15，4，1，3]。过程如下：在完成内层 for 循环的所有 10 次迭代（i）后，我们返回到外层for循环进行下一次迭代（n），然后当我们到达内层for循环时，我们再次进行该循环的10次迭代，然后当此循环完成后，我们再次返回到外层 for 循环，依此类推。这个过程持续 100 次（因为 n 从 0 到 99）。每次我们进行第一次（较大的）for 循环时，我们都执行以下行：

```
if reward == 1:

        rewards[slotmachine] = rewards[slotmachine] + 1
```

经过 100 次之后，我们将创建一个列表，例如：[2, 36, 7, 12, 5, 9, 15, 4, 1, 3]，其中包含上面的行。此列表显示老虎机 0 有 2 个奖励，老虎机 1 有 36 个奖励，老虎机 2 有 7 个奖励，老虎机 3 有 12 个奖励，依此类推。请注意，在上面的列表中，我从 0 开始，因为这是 Python 访问列表时的工作方式。换句话说，如果我运行与上述列表相对应的代码"print（rewards[0]）"，我将收到值 2。

如果奖励（我们的 DataFrame 中名为"data"的行"n"和列 "slotmachine"的值）不等于 1，则执行"else"语句下缩进的代码，这意味着 Thompson 抽样选择的机器没有支付大奖，因此"penalties"变量会为与 penalties[slotmachine] 列表中该位置相对应的机器增加一，如第 28 行所示。请记住，当我说"对应那个位置"时，我的意思是列表中的第一个位置对应于老虎机 0（或第一个老虎机），列表中的第二个位置对应于老虎机 1，列表中的第三个位置对应于老虎机 2，等等。）

```
29    total_rewards = total_rewards + reward
```

在第 29 行中，我们添加了在外部/较大的 for 循环的 100
次迭代过程中找到的奖励。我们可能想看看从所有机器中总共找到了多少奖励。请
记住，每次机器中奖时，它都会获得奖励。请记住这是第一个 FOR
循环的最后一行，因此在完成此行后，程序将转到第一个 FOR 循环的开头（for
n in range(0, observations)）并再次向下执行程序。当它到达第二个较小的
FOR 循环（for i in range(0, machines)）时，它将完成这个较小的 FOR循环的
10次迭代，包括其下方缩进的所有内容。然后它将继续向下运行，并且相同的过
程将执行 100 次，因为第一个 FOR 循环（外部 FOR 循环）从 0 到
99，如前所述。这就是为什么最好复制本书前面（"解释每一行代码"部分之前）
显示的完整代码，并在阅读这里显示的每一行代码的解释时参考它。阅读时，您应
该将整个代码的副本与书并排放置，因为它可以让您更好地了解程序的流程，并且
您还可以更好地看到哪些行是缩进的，哪些不是。这对于循环和"if"语句至关重。
缩进在 python 中极其重要。Python
中的程序流程通过代码行的缩进来指定，而不是像 C++ 等其他语言那样通过括号
({}) 来指定。

```
30 print("\n\nRewards By Machine = ", rewards)
```

第30行将显示奖励列表。回想一下，我们将此列表命名为"奖励"。列表中的每个
位置都对应一台特定的老虎机。例如，在运行完所有代码后（如我之前所解释的）
，您可能会得到一个如下所示的奖励列表：Rewards By Machine = [3, 7, 5, 1,
4, 5, 2, 11, 11, 7]，这告诉我们 1 号机器已累积 7 个奖励，2 号机器已累积 5
个奖励，3   号机器已累积累计   1   个奖励，以此类推，直到我们到达   9
号机器，该机器累计了 7 个奖励。我收到了这些

汤普森抽样 (Thompson Sampling)

运行**程序后的**结果。运行程序后，您的结果可能会有所不同。如果我们愿意，我们可以将列表中的第一个位置称为"**机器** 0"，这实际上对应于 python 调用列表元素的方式（在上面的列表中，"3"实际上是列表中的元素 0。在这种情况下，最后一个元素将是"**机器**9"。请注意，无论哪种方式，我们最终都会得到十台机器。

两个"\n"**代码**告诉计算机在跳过两个新行后写入我们的列表。注意文本（"\n\nR ewards By Machine ="，**在括号中。在** python **中，当我**们希望计算机打印文本时，**我**们会将其括在括号中。名为奖励的列表未括在括号中。

```
31 print("\nTotal Rewards = ", total_rewards)
```

第31行显示所有机器的奖励总和。因此，在我上面的奖励列表中，total_rewards **将是** 3 + 7 + 5 + 1 + 4 + 5 + 2 + 11 + 11 + 7，**等于** 56。请记住，total_rewards**是我**们之前在程序中声明的一个变量。它不是一个列表。因此，它只有一个值，即所有机器的所有奖励的总和。在程序的开头，我们有这样一行：total_rewards=0。这意味着我们有一个名为total_rewards**的**变量，它被初始化为**零值。请注意，在"if"语句之后，如果"if"语句为真（这意味着奖励等于 1），total_rewards 的值就会递增。请注意，奖励只能等于 1 **或** 0。**因此，如果**奖励等于0，则将0添加**到**total_rewards，这意味着不会向其中添加任何内容。这就是为什么最后我的total_rewards变量的值是56。**上面**这行代码的输出如下： Total Rewards = 56

```
32 print("\nMachine Selected At Each Round By Thompson\
   Sampling : \n", machine_selected)
```

此语句打印出我们运行的100轮中每轮所选机器的列表。例如，当我运行代码时，我从此行收到以下输出：

```
Machine Selected At Each Round By Thompson Sampling :

 [5, 5, 6, 1, 7, 0, 0, 0, 3, 7, 1, 9, 2, 2, 8, 7, 6, 7, 0,
9, 9, 9, 4, 8, 9, 7, 1, 8, 8, 2, 8, 7, 8, 8, 7, 2, 9, 7, 1,
8, 9, 7, 6, 4, 8, 8, 5, 7, 1, 8, 6, 8, 4, 3, 7, 0, 8, 3, 5,
9, 4, 8, 5, 5, 7, 7, 1, 5, 0, 5, 2, 4, 9, 9, 3, 9, 2, 6, 2,
7, 2, 9, 2, 1, 5, 1, 8, 8, 1, 4, 7, 9, 7, 1, 8, 4, 7, 8, 7,
2]
```

请注意，在程序中我们运行的 100 轮中，每一轮都会选择一台特定的机器（从 0 到 9），因此我们最终得到一个包含 100 个数字的列表，每个数字对应一台特定的老虎机（从 0 到 9）。

```
#Graphing the number of rewards of each machine

33 plt.bar(['S1','S2','S3','S4','S5','S6','S7','S8',\
   'S9','S10'],rewards)

34 plt.title(' Number of Rewards of Each Machine ')

35 plt.xlabel('Slotmachines')

36 plt.ylabel('Rewards By Each Machine')

37 plt.show()
```

汤普森抽样 (Thompson Sampling)

Figure 8.1

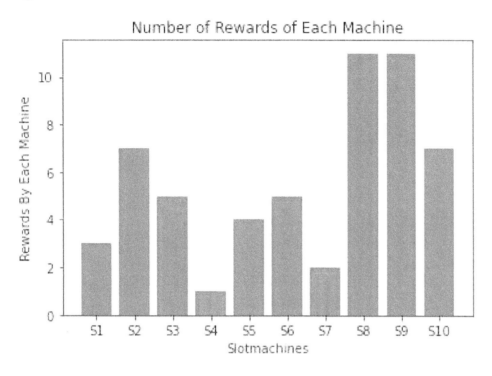

第 33 行至第 37 行将创建一个图表，显示每台机器的奖励数量。

第 33 行使用 bar 函数设置从 S1 到 S10 的 x
轴，并为每台机器创建条形图，表示当我们将奖励列表作为括号中的第二个参数传递时每台机器的奖励数量。第一个参数由老虎机的名称组成（S1 到
S10）。奖励列表中有十个数字。每个数字将按顺序对应老虎机的名称（S1 到
S10）。

Line 34 prints the graphs title.

Line 35 prints a label for the x axis.

Line 36 prints a label for the y axis.

第 33 行到第 36 行创建了图表，但为了显示它，我们需要使用第 37 行的 show
函数。对于某些 Python IDE 来说，如果没有 show
函数，图表只会停留在计算机内存中的某个位置，直到显示出来。但是，如果您使
用 Jupyter Notebook，则不需要第 37 行。第 33 行到第 36 行足以显示图 8.1
所示的图表。

```
#Number Of Times Each Machine Was Selected

38 from collections import Counter


39 print("\n\nNumber Of Times Each Machine Was Selected By\
   The Thompson Sampling Algorithm :\
   \n",dict(Counter(machine_selected)))
```

上面的第 38
行导入了"Counter"函数，该函数用于计算每台机器被选中的次数。下一行使用"p
rint"函数打印文本："Thompson 抽样算法选择每台机器的次数"和 Counter
函数的结果，该结果将显示两个 for
循环完成迭代后每台机器被选中的次数。两行代码的输出如下：

每台机器被汤普森抽样算法选中的次数：

```
{5: 9, 6: 5, 1: 10, 7: 18, 0: 6, 3: 4, 9: 13, 2: 10, 8:
18, 4: 7}
```

汤普森抽样 (Thompson Sampling)

因此，您可以看到第39行计算了每台机器被选中的所有次数，如 machine_selected列表中所示，我们在前两页显示了该列表，并将它们放入精简字典中

格式中，每台机器对应的数字显示在冒号前，冒号后显示选择该机器的次数。但是，机器对应的数字不是按顺序排列的。请记住，我们之前显示的　　　　　DataFrame 称为"S1"（**老虎机 1 的缩写**），实际上是老虎机 0。这是正确的，因为 Python 中的列表从零索引开始。因此，我们的　　　　　　　　　　　DataFrame 中老虎机的名称（S1、S2、S3、S4、S5、S6、S7、S8、S9、S10）实际上是上一页第 39 行输出中的 0、1、2、3、4、5、6、7、8、9。

Figure8.1向我们展示了每台机器的奖励数量。现在我们将构建一个图表来显示每台机器被选择的次数。

```
#Visualizing the Number Of Times Each Machine Was Selected
40 plt.hist(machine_selected)
41 plt.title('Histogram of machines selected')
42 plt.xlabel('Slotmachines')
43 plt.xticks(range(0, 10))
44 plt.ylabel('No. Of Times Each Slotmachine Was Selected')
45 plt.show()
```

这是上面六行代码的输出：

Figure 8.2

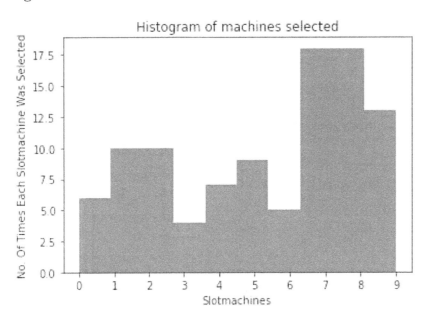

第 40 行使用 hist 函数根据 `machine_selected.`

第 41 行使用标题函数为图表添加标题。

第 42 行使用 xlabel 函数标记 x 轴。

第 43 行使用 xticks 函数在 x 轴上打印数字。它们将在括号中指定的范围内。

第 44 行使用 ylabel 函数标记 y 轴。

第 40 行到第 44 行创建了图表，但是为了显示它，我们需要使用第 45 行的 show 函数。

汤普森抽样 (Thompson Sampling)

我在第 40 行到第 45 行描述的所有这些函数都是从 plt 对象访问的。回想一下，在第 3 行，我们导入了 pyplot 包（import matplotlib.pyplot as plt）。我们将其命名为 plt。因此，我们可以访问所有

通过使用引用 plt 并使用点 (.) 运算符，位于 pyplot 库中的函数。

除了图 8.1 和图 8.2 所示的两个图表之外，我还收到了以下输出：

```
Rewards By Machine =  [2, 0, 0, 14, 10, 6, 0, 6, 12, 3]

Total Rewards =  53

Machine Selected At Each Round By Thompson  Sampling :
 [9, 4, 5, 2, 7, 0, 3, 9, 9, 8, 9, 9, 9, 5, 0, 6, 8, 8, 3, 8, 8, 0, 5, 1, 8, 8,
7, 7, 8, 3, 3, 8, 7, 5, 4, 8, 1, 4, 4, 3, 0, 4, 4, 4, 8, 3, 3, 9, 5, 8, 8, 2,
7, 4, 3, 3, 5, 3, 3, 5, 3, 5, 5, 3, 3, 3, 4, 3, 7, 7, 1, 4, 8, 8, 8, 4, 4, 3,
4, 4, 7, 4, 9, 3, 6, 8, 3, 4, 8, 8, 4, 7, 5, 3, 8, 5, 7, 4, 3, 3]

Number Of Times Each Machine Was Selected By  The Thompson Sampling Algorithm :
 {9: 8, 4: 18, 5: 11, 2: 2, 7: 10, 0: 4, 3: 22, 8: 20, 6: 2, 1: 3}
```

我们可以看到，我的结果显示机器3获得了14个奖励，这是奖励数量最多的（请记住，第一台机器是机器0，而不是机器1）。因此，机器3在获得大奖方面最成功。您的结果可能会有所不同，因为我们在代码的前面使用了随机函数来确定某台机器将给出多少次大奖（参见第5行至第14行）。运行random.randint函数的结果可能会给出一组与我收到的不同的 1 和 0，因此每台老虎机的大奖数量也不同。

第九章

结论

戴尔·卡耐基曾经说过："**学**习是一个积极的过程。我们边做边学。只有用过的知识才会留在你的脑海中。"这句话再适合不过了，它适用于学习神经网络和人工智能。下载代码并在 IDE **上运行是可以的。但最好是**编写 Python 代码和/**或修改它以适**应新的应用程序。本文应被视为入门。如果您是 Python **新手，**请继续练习从本文中学到的知识并阅读有关Python**的其他材料。如果您精通Python但**对深度学习和人工智能还不熟悉，请继续阅读演示新应用程序的其他材料。但同样重要的是，您需要练习编码。使用教科书和其他来源的代码进行练习。此外，学习编写自己的原始代码。例如，您可以从使用本文中看到的代码开始。然后慢慢修改它以适应不同的情况。也许，您可以修改音频分类程序以识别两个以上的声音。也许您可以尝试使用提示和输出中的更多文本使此处的程序更加用户友好。学习并使用pyplot**模**块来绘制图形和可视化表示，这在本书中仅作了介绍。同时还要学习其他库和模块。

这里介绍的程序可以作为起点。但请记住，这**些**项目使用的数据量不足以正确训练准确的神经网络。自行探索新的数据来源，并尝试将这些数据应用于本文的项目。另请参阅本书末尾的附录 A，**了解如何改**进神经网络。

汤普森抽样 (Thompson Sampling)

我尝试以我认为最容易理解的方式解释文本中的每一行代码。如果您仍然遇到问题**理解代**码或此处的任何概念，请尝试多次阅读这些章节。神经网络和汤普森采样不是许多人第一次阅读时就能记住的主题。这些概念可能很难理解，反复阅读和查看

代码可以极大地阐明这些主题。如果您仍然**理解代**码时遇到的问题，请在网上搜索。网络上有许多很棒的视频和文章，它们可能会以您最终可以理解的方式描述这**些概念的代**码。此外，成为stackoverflow.com网站的成员。这是一个很棒的网站，当您发布有关python、神经网络或AI的问题时，许多成员都会慷慨地帮助您解释代码。提问有规则和限制；但是，我发现这个网站对许多不知道在无法从教科书或其他网络来源获得答案时该去哪里的人非常有价值。当您足够熟练时，您可以回答其他成员的问题。最后，如果您对本文的任何内容仍有疑问，您可以通过我在本书前言中提供的电子邮件地址给我发送电子邮件。我会尽量在时间允许的情况下回复电子邮件。祝您在编码和对深度学习和 AI 知识**的探索中取得更大的成功和启**发！

附录 A
如何改进神经网络

- **收集良好的训练数据**：神经网络的好坏取决于训练它的数据。尝试删除可能存在异常的数据样本。如果输入异常数据，或者由于几乎从未发生过的情况而导致孤立、罕见或一次性发生的数据，则会使神经网络产生偏差，从而导致大多数情况下输出的结果不太准确。从可靠的来源收集数据。不要从似是而非的网站或未准确或真实完成的调查中抓取数据。用更少的数据来训练你的网络比用不正确或不准确的数据填充你的数据集要好。

- **收集更多数据**：许多成功的网络都是通过使用训练集中的数百甚至数千个样本创建的。本书中每个示例使用的训练样本数量故意很小，因为我希望训练时间相对较快，也因为有些数据更容易创建。当我们为语音识别 CNN 创建音频文件时尤其如此。请记住，如果您使用数百或数千个样本来训练 CNN，您将需要等待很长时间才能结束训练，可能是几个小时。但您必须记住，不仅要收集"更多数据"，还要收集更多优质数据。如果您只是为了"收集更多数据"而用不准确或可疑的数据填充训练集，那么您不仅会得到一个不准确的网络，而且还会得到一个具有欺骗性的网络，并会让您得出错误的结论。如果您缺少数据或无法获得足够的数据，请研究"数据挖掘"这一主题，这是许多文本的主题。

- **增加或减少epoch的数量**：决定epoch的数量需要考虑。回想一下，epoch的数量是整个训练数据集经过的次数通过网络对其进行训练。使用"fit"方法训练网络时，您将在输出中看到"验证损失"和"验证准确率"的数值，分别称为 val_loss 和 val_accuracy。您需要在使用"fit"方法时调整epoch数，以便提高验证准确率并减少验证损失。如果您增加epoch数并发现验证准确率正在下降和／或验证损失正在增加，则说明您选择的epoch数过多，模型正在进行所谓的"过度拟合"。这意味着您训练网络时，训练输入数据（x_train）与训练输出数据（y_train）匹配得过于完美，以至于它无法很好地预测或分类新输入（训练数据中没有的输入）。因此，您必须试验使用的epoch数。在本文的示例中，我故意使用了较少的epoch，以便训练时间较短，这样您就可以更快地看到神经网络的结果。

•**选择正确的批处理大小：**回想一下，批处理大小是在权重更新之前训练阶段输入网络的样本数量。换句话说，我们可能有100个样本，批处理大小为10。这意味着在将10个训练样本输入网络后，网络的权重会得到更新或"训练"。然后再将10个样本输入网络后，权重会再次更新，依此类推。由于我们有100个样本，因此在将全部100个样本输入网络后，一个时期就过去了。许多从业者认为批处理大小为32或更低是最好的。但是，您应该进行实验以找到一个能为您提供最高准确度和最低损失的批处理大小。请记住，批处理大小越大，训练速度越快，因为批处理大小越小意味着网络权重的更新频率越高（有关网络权重的讨论，请参阅第 1 章）。您可以从 32 的批处理大小开始，然后向上或向下调整并记录结果。进行实验以查看哪种大小可产生最佳准确度和最小验证损失。

- **选择正确的激活函数：** 在第二章的末尾，我描述了一些常见的激活函数，并一般性地解释了每种函数适用于哪些情况。在神经网络中拥有正确的激活函数至关重要。因为您期望从网络获得的输出类型取决于特定激活函数的使用。例如，如果您希望网络的输出为正数（例如液体的升数），则可以使用S形激活函数，因为我们不能有负升数。在设计原始神经网络时，首先进行研究（可以从查看第2章的末尾**开始**），**然后**进行实验。在验证阶段测试网络时，查看哪种激活函数能为您提供最佳结果。

- **试验网络中神经元（节点）的数量：** 在神经网络中，激活函数位于神经元内部。**每个神**经元/节点内的激活函数根据输入或输入组计算该节点的输出。请注意，我交替使用神经元和节点这两个术语，因为它们的意思相同。您可能会发现，每层只有少量节点，您的网络准确率很高，损失也很低。然后，您可能会发现每层或某些层中有数十个节点会产生更好的结果。请记住，网络中的节点越多，计算机所需的计算内存就越多。此外，网络训练速度会越慢，使用预测函数将花费更多时间。

- **调整隐藏层的数量：** 这与上一点一致。层数越多，网络中的神经元就越多。尝试试验层数，并使用正确的层类型，例如用于图像分类的卷积层。

• **缩放或规范化数据**：缩放数据的方法有很多种。一种简单的方法是将数据集中的每个数字相除，以使数据的范围不会出现很大变化。例如，假设我们的数据集中有以下数字：8、5、7、50。您会注意到50比其他数字大得多。我们可以通过将每个数字除以100来缩放数据集的每个成员，在这种情况下我们将得到：.08、.05、.07、.50。现在，最高数字（.50）和最低数字（.05）之间的距离只有.45，这比50减5的45要小得多。

我们这样做的原因是为了确保梯度下降平稳地向最小值移动，并且梯度下降的步骤以相同的速率更新所有特征（有关**梯度下降的深入**讨论，请参阅第1章）。在将数据输入网络之前对其进行缩放。拥有类似规模的特征将有助于梯度下降更快地收敛到最小值。当数据范围相当广时，请缩放数据。

• **正确使用 dropout 层**：回想一下，在整篇文章中，我们使用 dropout 层是为了避免所谓的训练数据"过度拟合"。尝试使用 dropout 层和 dropout 率。但要小心，不要使用到模型无法正确训练的程度。

• **谨防对网络输出的错误解释**：最后一点更多的是评论，而不是关于如何改进网络的建议。创建神经网络的全部目的是正确解释输出。例如，您可以创建一个网络，它似乎预测人们刷牙的次数越多，血压就越低。如果你通过得出刷牙会影响血压的结论来解释这一点，那么你很可能是错误的。你的网络可能暗示这一点的原因是，一般来说，人们

刷牙的人更注重健康，他们倾向于养成健康习惯，如合理饮食和锻炼。这些健康习惯才是导致血压下降的原因，而不是刷牙。

附录 B

如何使用 Google Colab 上传数据

为了将文件从本地驱动器（您的计算机）上传到 Google colab，请使用以下 Python代码。这组代码与PythonIDE位于您的计算机上时使用的代码不同（例如 Spyder）。Googlecolab托管在远程服务器上，因此您需要做的是将文件从您的计算机带到远程 Google 服务器。

在 Google colab 上运行以下前两行代码后，系统将提示您选择一个文件。点击 "Choosefiles"运行前两行后出现的按钮，导航到文件在计算机上的位置，然后双击它或单击它一次并按 "Open" 按钮。

```
import pandas as pd
from google.colab import files
uploaded = files.upload()
import io
dataframe = pd.read_csv(io.BytesIO(uploaded\
['all_apple_stock_data.csv']))


print(dataframe)
```

接下来，*upload*函数将引入文件并命名"uploaded."然后我们将导入的文件命名为 "dataframe"，或者你想叫的任何其他名字。在上面的例子中，我导入了一个CSV 文件，格式为DataFrame，因此我将其命名为"dataframe."然后我用*print*命令打印出DataFrame并验证文件是否已上传，并查看其外观。请注意使用反斜杠将代码继续到下一行。

如果您要上传的文件位于 github **网站上，并且是** csv
文件或其他格式，则不需要上述代码。您只需使用一行代码上传它即可。例如，如
果 github **上的文件是名**为 crimeSTATS.csv您可以使用以下代码来上传它：

```
dataframe = pd.read_csv('https://raw.githubusercontent\
.com/stevedas/aiBook/main/crimeSTATS.csv')
```

在这种情况下，文件的位置是 https://raw.githubusercontent\
.com/stevedas/aiBook/main/.文件名为 crimeSTATS.csv.

请务必记住将整个字符串放在单引号内，如下所示：
'https://raw.githubusercontent\
.com/stevedas/aiBook/main/crimeSTATS.csv'

在 Google colab 上运行代码，然后使用代码 print(dataframe) 打印出
DataFrame以验证它是否已上传。您可以使用'https://raw.githubuserco-
ntent.com/stevedas/aiBook/main/crimeSTATS.csv'括号内，因为这是
一个我上传的实际csv文件，如果你还记得的话，该文件在其中一个项目的文本中
使用。

附录 C

将 SQL 查询结果放入 Pandas Dataframe 中以用于神经网络

SQL或结构化查询语言是一种用于管理关系数据库的编程语言。它用于对数据库中的数据执行各种操作。使用神经网络时，您可能需要使用位于SQL **数据**库中的数据。下面显示的代码将对名为"MySqlDatabase"的SQL **数据**库执行SQL查询，然后加载数据并将其放入名为"MyDataframe"的pandas DataFrame **中。然后从那里您可以**处理它并使用它来训练神经网络。**回想一下**，pandas **是一个用于操作数**组和 DataFrames **的** Python 编程库。pandas DataFrame **是一个**带有列和行的二维标记数据结构。每列可以是不同的数据类型。它具有电子表格的外观。

```python
# import the needed libraries
from sqlalchemy import create_engine
import pandas as pd


# create a connection to the SQL database
database_connection_1 = create_engine\
('mysql:///MySqlDatabase.db')


#Load the data from the SQL database into the pandas DataFrame
# named MyDataFrame
MyDataFrame = pd.read_sql_query('SELECT * FROM table1', \
database_connection_1)
```

然后从那里，您可以在神经网络中使用名为"MyDataFrame"的 DataFrame。请注意，在最后一条语句中，我们使用 SQL 语句进行查询。此查询从名为"table1"的表中选择所有列。星号 (*) 告诉我们它是所有列。使用 pd.read_sql_query 函数，我们可以将 SQL 语句放入括号中。因此，我们可以执行各种查询，将这些查询的结果输入到名为 MyDataFrame 的 DataFrame 中。例如，如果 table1 显示包含日期列、供应商列和金额列的发票列表，我们可以在括号中输入"SELECT * FROM table1 WHERE amt> 1000"，这样我们只会显示大于 1000 美元的发票。

在上面的代码中，我们使用 mysql 数据库。您可以在第二行代码中看到这一点。如果您使用的是 Oracle 数据库，请将术语 mysql 替换为术语 oracle。如果您使用的是 SQLite 数据库，请将术语 mysql 替换为术语 sqlite。如果您使用的是 PostgreSQL，请将术语 mysql 替换为术语 postgresql。

指数

62, 63, 71, 85, 88, 89, 98, 99, 101, 102, 126, 127, 131, 132, 134, 135, 136, 189, 190, 191, 192, 197, 200, 220, 226, 228, 229, 267

关于作者

Steven D'Ascoli 是圣约翰大学的兼职教授。他还曾在纽约市立大学教授管理信息系统。D'Ascoli 先生是一名注册会计师，并获得了 CCNA（思科认证网络助理）认证。他还是美国最大的组织之一的财务分析师。他在哥伦比亚大学学习计算机科学，并获得了学士学位。他还在纽约大学学习计算机编程，并获得了硕士学位。D'Ascoli 先生是 DataKind 的成员，该组织致力于利用数据科学为人们提供无私的服务和解决人道主义问题。